EMMA WATSON'S SPEECH ON
GENDER EQUALITY AT THE UN

エマ・ワトソンの国連スピーチを英語で読む

「男らしさ」と「女らしさ」の呪縛から逃れるために

理論言語学者
畠山雄二
Yuji Hatakeyama

開拓社

まえがき

　最近、男と女の関係がギスギスしている。人類史上、稀にないほどに、男は女に対して、そして女は男に対して警戒しているといえる。そのためか、男と女の出会いのチャンスがリアルにはあまりないといえる。リアルに出会うにはあまりにもリスクが高すぎるともいえよう。

　男が女に食事のお誘いをする。女は軽い女と思われたくないからまずは断る。男は一度断られるとなかなか再度お誘いする気にはなれない。いっぽう女は、一度断っても再度お誘いがあるものと思って二度目のお誘いを待つ。しかし、繊細な心をもつ男は次の手が打てない。こうやって男と女の出会いはスタートラインからコースアウトしてしまう。

　男と女は常にすれ違い、互いに誤解し合い、ときに愛し合うが、それ以上に憎しみ合う。男と女は仕様が違い、基本スペックが何もかも違う。この世界で生きていくためには、わかり合えない仲でありながらも、男と女はなんとかうまくやっていかなくてはならない。男と女が敵対関係にあっては、いろんな意味で、クリエイティブな仕事をすることはできない。

　物心ついてから事あるごとに、「ああ、男の方が恵まれているな」と思うことがあれば、「ああ、女の方が恵まれているな」と思うことがある。つまり、今の世の中、男の方が生きやすいとか、女の方が生きやすいとか、そういったことを思わざるを得ないシーンが多々ある。そういった、男が女に対する、そして女が男に対する、妬みや僻み、そして猜疑心や不信感といったものが、男と女の間に溝をつくり、いろんな格差を生み出している。

　男女間の溝をできる限り埋め、いろんなところに見られる格差を可能な限りなくしていくにはどうしたらいいだろうか。そして、男も女も、1人の人間として、さらには1人の男ならびに女として、なりたい自分になり、生きたいように生きるにはどうしたらいいのだろうか。その答えの1つが、エマ・ワトソンが国連で行ったスピーチにある。

　エマは、スピーチで明言しているように、自他ともに認めるフェミニ

1

ストである。ただ、スピーチの内容をちゃんと理解するとわかるように、巷で見聞きするフェミニストとは一線を画す。ネオ・フェミニストともよべるものである。女性が開放されるためには男性も開放される必要があり、男性が開放されるためには女性も開放される必要があると説く。男と女が、あるがままの自分を曝け出すとき、はじめて、人は生きたいように生きることができ、自由な人間になれると説く。

　本書『エマ・ワトソンの国連スピーチを英語で読む──「男らしさ」と「女らしさ」の呪縛から逃れるために──』を熟読し、あらためて男と女の関係について考えてもらいたい。なりたい自分になるには、そして、いろんな「呪い」から解き放たれるためには、何をどうしたらいいのか考えてもらいたい。さらには、男と女、そして LGBT の人も含め、これからのジェンダーの問題にどう向き合っていったらいいか考えてもらいたい。

　男と女の幸せ、そして、1 人の人間としての幸せ、そのいずれもがジェンダー平等の実現にかかっている。

畠山　雄二

目次

Speech by UN Women Goodwill Ambassador Emma Watson at a special event for the HeForShe campaign, United Nations Headquarters, New York, 20 September 2014

Today we are launching a campaign called "HeForShe." I am reaching out to you because I need your help. We want to end gender inequality—and to do that we need everyone to be involved. This is the first campaign of its kind at the UN: we want to try and galvanize as many men and boys as possible to be advocates for gender equality. And we don't just want to talk about it, but make sure it is tangible.

I was appointed six months ago and the more I have spoken about feminism the more I have realized that fighting for women's rights has too often become synonymous with man-hating. If there is one thing I know for certain, it is that this has to stop. For the record, feminism by definition is: "The belief that men and women should have equal rights and opportunities. It is the theory of the political, economic and social equality of the sexes."

I started questioning gender-based assumptions when at eight I was confused at being called "bossy," because I wanted to direct the plays we would put on for our parents—but the boys were not. When at 14 I started being sexualized by certain elements of the press. When at 15 my girlfriends started dropping out of their sports teams because they didn't want to appear "muscly." When at 18 my male friends were unable to express their feelings. I decided I was a feminist and this seemed uncomplicated to me.

But my recent research has shown me that feminism has become an un-popular word. Apparently I am among the ranks of women whose expressions are seen as too strong, too aggressive, isolating, anti-men and, unattractive. Why is the word such an uncomfortable one? I am from Britain and think it is right that as a woman I am paid the same as my male counterparts. I think it is right that I should be able to make decisions about my own body.

I think it is right that women be involved on my behalf in the policies and decision-making of my country. I think it is right that socially I am afforded the same respect as men. But sadly I can say that there is no one country in the world where all women can expect to receive these rights. No country in the world can yet say they have achieved gender equality. These rights I consider to be human rights but I am one of the lucky ones. My life is a sheer privilege because my parents didn't love me less because I was born a daughter. My school did not limit me because I was a girl. My mentors didn't assume I would go less far because I might give birth to a child one day.

These influencers were the gender equality ambassadors that made me who I am today. They may not know it, but they are the inadvertent feminists who are changing the world today. And we need more of those. And if you still hate the word—it is not the word that is important but the idea and the ambition behind it. Because not all women have been afforded the same rights that I have. In fact, statistically, very few have been.

In 1995, Hilary Clinton made a famous speech in Beijing about women's rights. Sadly many of the things she wanted to change are still a reality today. But what stood out for me the most was that only 30 per cent of her audience were male. How can we affect change in the world when only half of it is invited or feel welcome to participate in the conversation? Men—I would like to take this opportunity to extend your formal invitation.

Gender equality is your issue too. Because to date, I've seen my father's role as a parent being valued less by society despite my needing his presence as a child as much as my mother's. I've seen young men suffering from mental illness unable to ask for help for fear it would make them look less "macho"—in fact in the UK suicide is the biggest killer of men between 20-49 years of age; eclipsing road accidents, cancer and coronary heart disease. I've seen men made fragile and insecure by a distorted sense of what constitutes male success. Men don't have the benefits of equality either. We don't often talk about men being imprisoned by gender stereotypes but I can see that that they are and that when they are free, things will change for women as a natural consequence.

If men don't have to be aggressive in order to be accepted women won't feel compelled to be submissive. If men don't have to control, women won't have to be controlled. Both men and women should feel free to be sensitive. Both men and women should feel free to be strong ... It is time that we all perceive gender on a spectrum not as two opposing sets of ideals. If we stop defining each other by what we are not and start defining ourselves by what we are—we can all be freer and this is what HeForShe is about. It's about freedom.

I want men to take up this mantle. So their daughters, sisters and mothers can be free from prejudice but also so that their sons have permission to be vulnerable and human too—reclaim those parts of themselves they abandoned and in doing so be a more true and complete version of themselves.

You might be thinking who is this Harry Potter girl? And what is she doing up on stage at the UN. It's a good question and trust me, I have been asking myself the same thing. I don't know if I am qualified to be here. All I know is that I care about this problem. And I want to make it better.

And having seen what I've seen—and given the chance—I feel it is my duty to say something. English Statesman Edmund Burke said: "All that is needed for the forces of evil to triumph is for enough good men and women to do nothing." In my nervousness for this speech and in my moments of doubt I've told myself firmly—if not me, who, if not now, when.

If you have similar doubts when opportunities are presented to you I hope those words might be helpful. Because the reality is that if we do nothing it will take 75 years, or for me to be nearly a hundred before women can expect to be paid the same as men for the same work. 15.5 million girls will be married in the next 16 years as children. And at current rates it won't be until 2086 before all rural African girls will be able to receive a secondary education.

If you believe in equality, you might be one of those inadvertent feminists I spoke of earlier. And for this I applaud you. We are struggling for a uniting word but the good news is we have a uniting movement. It is called HeForShe. I am inviting you to step forward, to be seen to speak up, to be the "he" for "she". And to ask yourself if not me, who? If not now, when?

Thank you.

スピーチの解説

英文 01

Today we are launching a campaign called "HeForShe."

意訳 ───────────────

私たちは、今日、HeForShe というキャンペーンを立ち上げます。

単語のチェック　launch「(事業や会社を) 起こす」(例：He will launch his election campaign next month. (彼は来月から選挙運動を始める)) 最近は「新しい商品やサービスを世に送り出す」の意味で「ローンチ」という表現がよく使われる。campaign「キャンペーン」「(ある目的のための一連の) 運動」

解釈と訳のポイント

動詞 launch の意味は start とほぼ同じであるので、本文は、Today we are starting a campaign called "HeForShe." と言い換えることができる。よって本文は、「今日が HeForShe というキャンペーンの幕開けだ！」といった感じの文になっている。

ネイティブによると、本文をたんに現在形の Today we launch a campaign called "HeForShe." とすることもできるが、これだとフォーマルな感じが強くなってしまい、進行形のもつ「これから動き出すぞ！」という「これから動く感」がなくなってしまうらしい。

HeForShe は、国連の UN Women が主体となってやっている「ジェンダー平等のための運動」である。2014 年 9 月 20 日に立ち上がったプロジェクトで、エマ・ワトソンが UN Women 親善大使を努めている。

このエマ・ワトソンのスピーチも 2014 年 9 月 20 日に行われていることから、このスピーチをした日 (というかこのスピーチをしているまさにその時) に HeForShe が立ち上がっていることになる。だからこそ、本文から、進行形を使っていることも相まって、「これから動き出すぞ！」という「これから動く感」がかなり強く伝わってくる。

これらのことからわかるように、本文には、「今まさに立ち上がりつつあるところだ！」という進行形の意味合いが強く出ている。まさに「活動開始！」という勢いが感じられる文になっているのだ。

豆知識

　　本文は進行形の文であるが、進行形は、本文のように、物事が進行していることを表すだけでなく、物事が予定通り行われていることを表すのにも使える。つまり、やることが決まっていて、それに向けて準備が着々と進んでいるときにも使える。たとえば、I am leaving Tokyo. は、新幹線のチケットの手配も済み、さらに荷物がまとめられるなりして、東京を出る準備が着実にできている感じのする文になっている。

このように進行形は、「確実性」を表すことができるが、この確実性は、助動詞 will を使って表すこともできれば、普通の現在形だけで表すこともできる。ただしニュアンスに違いがある。

助動詞 will を使った確実性は、進行形の場合とは異なり、予定としてはあらかじめ決まっておらず、場当たり的に、しかも自分の意思で決めた意味合いをもつ。よって I will leave Tokyo. は「わたし東京を出るから！」といった感じの文になる。カレシと喧嘩でもして、その場の勢いで言っている感じのする文である。

一方、現在形だけで確実性を表すと、すでにやることが確定していて、しかも予定変更が不可能な意味合いがある。よって、I leave Tokyo. は「わたし、東京を出ます。キリッ！」といった感じの文になっている。すでに東京を去ることが決まっていて、しかもその予定はいっさい覆らない感じの文になっている。

進行形を使って表す確実性、助動詞 will を使って表す確実性、そして現在形だけで表す確実性、これら３つのニュアンスの違いをマスターしておこう。なお、文法書によっては「確実性」を「近未来」と捉えているものもあるが、「近未来」よりも「確実性」の方が事の本質を正しく捉えている。

国連親善大使のエマ・ワトソン、
「HeForShe」イベントに参加
（2014 年 9 月 20 日）［提供：
UN Photo／Crystal Pictures／ア
フロ］

英文 02

I am reaching out to you because I need your help.

意訳

皆さんの助けが必要でして、それで今こうやって皆さんに声をかけさせて
いただいているのです。

単語のチェック reach out to ~「〜に手を伸ばす」「〜に援助の手を差し伸べる」「〜に働きかける」
ここでは誰かを助けるのではなく誰かに助けてもらいたいので「〜に援助の手を差し伸べる」の意
味では使われていない。ここでは「〜に働きかける」の意味で使われている（例：reach out to
allies（同盟国に働きかける））。reach out to ~ には「相手に援助を与える」という意味と「相手か
ら援助を受ける」という意味があることからわかるように、reach out to ~ は（援助の）方向を定
めない表現である。rent も同じようなタイプの動詞である。I rented a car from him（彼から車
を借りた）と I rented a car to him（彼に車を貸した）の両方が可能なことからわかるように、
rent も、reach out to ~ と同じように、方向を定めない動詞である。ある意味、reach out to ~
と rent は「両刀使い」の表現である。なお、日本語の「参る」も「両刀使い」の動詞である（『意味
の世界』（NHK 出版）を参照）。

解釈と訳のポイント

ここでも、01 と同じように、現在進行形がまさに「現在進行」の意味で使われてい
る。とはいえども、料理やスポーツの実況中継をしているわけでもないので、いま現
在起こっていることを伝えているわけではない。では、何を伝えているのだろうか。

「場の臨場感」である。ここでは「お願いだから協力してください！」という「懇願感」というか「切実感」といったものが現在進行形を使って伝えられている。進行形というのは、このように、話し手の主観を行間ににじみこませながら、「懇願感」や「切実感」といった臨場感を演出するのに使われることがある。進行形の文を見かけたら、そこに話し手の「思い」を忖度してやるといいだろう。

豆知識

本文では、because 節が主節の I am reaching out to you の後ろにきている。because 節が主節の前にくることもあるが、普通は、本文のように、主節の後ろにくる。これには文末焦点の原理が影響している（英語には一番伝えたいものを文末に置くという規則があり、これを「文末焦点の原理」とよんだりする。「文末焦点の原理」については 09, 32, 56, 59 で詳しく紹介する）。

because は、since とは異なり、理由を強く、そしてストレートに伝える。つまり、because 節に強烈な光（スポットライト）が当てられる。文末焦点の原理により、スポットライトは文末に当てられる。よって、because 節は文末を好む傾向にある。

一方、since であるが、since 節には、もちろん、理由が書かれてはいるが、その理由はさして驚くものではなく、どちらかというと周知で既知のものであって真新しさがない。よって、強烈なスポットライトを当てる必要もなく、（文末にも置かれるが）文頭に好んで置かれる。

since 節と同じことが as 節にもいえるが、since 節との違いを 1 つあげると、since 節のほうが as 節よりややフォーマルな印象があることがあげられる。また、as 節のほうが「おまけ」的なニュアンスがあり、理由を伝えるアピール度が since 節ほど強くはない。

because と since、そして as の違いを知り、適材適所で「理由を伝える節」を使い分けられるようにしよう。

英文 03

We want to end gender inequality—and to do that we need everyone to be involved.

意訳

私たちは性別による不平等をなくしたいのです。そのためには、皆さんに HeForShe に参加していただきたいのです。

単語のチェック gender「（社会的・文化的に見た）性別」 inequality「不平等」 need ~ to do「～に…してもらう必要がある」（例：I need you to come to my office at once（君にすぐにでも研究室にきてもらいたいんだ）） be involved in ~ 「～にかかわり合いをもっている」（例：Was he involved in that crime?（彼はその犯罪にかかわっていたのか？））

解釈と訳のポイント

本文後半の and to do that we need everyone to be involved に注目してみよう。and to do that の that であるが、これは代名詞である。代名詞とは「名詞の代わりとして機能する品詞」のことである。では、どの名詞の代わりとして機能しているのだろうか。本文前半にある to end gender inequality（ジェンダー不平等をなくすこと）の部分である。この to 不定詞節は他動詞 want の目的語として機能している。目的語には名詞相当の語句しかなれない。よって、この to 不定詞節 to end gender inequality は名詞句である。だからこそ、and to do that の that の指しているものとしてカウントできるのだ。このように、代名詞が出てきたら、それが何を指しているのかいちいちチェックするようにしよう。

ちなみに、want to do において、want to をワンセットにして読んでいては、代名詞 that の指すものを見つけることはできない。want to do の to do をワンセットにして読んで、それではじめて代名詞 that の中身を特定することができるのだ。そもそも want to do は「～すること（to do）を欲する（want）」という意味である。

なお、we need everyone to be involved の involved の後ろに、本来ならあるべき in HeForShe が落ちている。なぜ省略されているのだろうか。話の流れからいわなくてもわかるし、察してもらえることをあえていうのは風情がないし粋ではないからだ。

12

本文の前半部分にある動詞 want にしても、後半部分にある need にしても、どちらも「求める」をコアな意味としてもつ。「欲する」ことや「望む」ことを意味する語はたくさんある。代表的なもののみではあるが、ここでざっくりと解説しよう。

「欲する」や「望む」を意味するもっともポピュラーかつカジュアルなものに want がある。desire は want とほとんど同じ意味であるが、desire はフォーマルな場でよく使う。want と desire の大きな違いは、カジュアルな場で使うかそれともフォーマルな場で使うかの違いしかない。

ただ、want と desire には文法的な違いもある。たとえば、desire は that 節をとれるが want は that 節をとれない。願望を表す動詞で that 節をとれないものは、want のほかに、need と prepare の 2 つしかない。なお、願望を表す動詞はもれなく to 不定詞節をとる。

「望む」や「願う」を意味する語に hope と wish もあるが、hope は多少なりとも実現可能なときに使うのに対して、wish は実現しそうもないときに使う。また、wish は多少なりともフォーマルな語である。

want も desire も、そして hope も wish も同じような意味の語ではあるが、使用状況がそれなりに違う。TPO を考えて使う語をチョイスしよう。

英文 04

This is the first campaign of its kind at the UN: we want to try and galvanize as many men and boys as possible to be advocates for gender equality.

意訳 ────────

この手のキャンペーンは国連でははじめてのものです。そのようなことも

あり、できるだけ多くの男性の方にジェンダー平等の賛同者になっていただきたいのです。

（単語のチェック）UN「国連：the United Nations」 galvanize「人を刺激する」 as ~ as possible「できるだけ～」（例：Throw the coin as far as possible.（コインをできるだけ遠くに投げなさい）） advocate「（主義や改革などの）支持者」 equality「平等」

解釈と訳のポイント

we want to try and galvanize … の try and galvanize に注目してもらいたい。try and do のパターンはよくある。たとえば、try and do（やってみる）や try and see（～かどうかみてみる）、そして try and make（つくってみる）といったものがある。よって、本文の we want to try and galvanize も、直訳するなら、「人を刺激してみたいと思う」と訳すことができる。

なお、try and do に似たものに、go and do（～しに行く）といったものがある。これは go to do の意味で使われているが、try and do も、go and do と同じように、try to do の意味でとることも可能ではある。

後半の文の … galvanize as many men and boys as possible to be advocates for gender equality に注目してみよう。ここには受験英語でおなじみの as ~ as possible の構文が潜伏している。04 は受験生なら思わずニヤッとしてしまうそんな文かと思う。

さて、この as ~ as possible の部分が実際どうなっているのか見てみることにしよう。まず動詞の galvanize であるが、これは他動詞である。よって目的語を必要とする。その目的語が as many men and boys であるが、後続する as possible がその目的語を修飾している。

動詞 galvanize の目的語 as many men and boys であるが、as は「同じくらい」を意味する副詞である。副詞はその直後に副詞か形容詞をとる。ここでは副詞の as が形容詞の many をとっている。そしてその形容詞の many が名詞句の men and boys をとっている。

as many men and boys であるが、その中心となるのが名詞句の men and boys である。よって、as many men and boys 全体が名詞の特性をもつことになるので、as many men and boys が動詞 galvanize の目的語になれる。

さて、as many men and boys の as は「同じくらい」を意味する副詞であるが、何と同じくらいかその「何」が必要である。その「何」が本文では as possible として現れている。as possible の as は接続詞である。よって、その後には文がくる。ここは本来なら as we can となるところだが、we can が possible で置き換えられている。こういった一連のプロセスを経た上で as ~ as possible のパターンができあがっている。

as possible の後ろにある to 不定詞節 to be advocates for gender equality（ジェンダー平等の賛同者になる）はどうとったらいいであろうか。galvanize は「galvanize 人 into ~（人にすぐに～するようにさせる）」の型ならとるが、「galvanize 人 to do」の型はとらない。おそらくだが、エマは、「galvanize 人 to do」の型をあえてつくりだし、そしてこの galvanize を使役動詞のように使っているのであろう。つまり、ニュアンス的には「encourage 人 to do（～するように奨励する）」のような感じで使っていると思われる。

このように文法に従って文を解析していけば、論理的に、そして理屈でもって正しく文を理解できるようになる。

豆知識

　　UN は the United Nations の略で、日本語訳は「国際連合」（あるいはその略式名称の「国連」）である。でも、日本語訳にある「国際」に相当する語は英語名称にはない。英語名称の the United Nations のどこにも international のような単語は見当たらない。よって UN は、本来なら「連合国」と訳すべきところである。では、どの国が連合した組織なのだろうか。第二次世界大戦で勝った国である。つまり、アメリカやイギリス、そして中国やロシアといった国々である。

ニューヨーク国連本部

このことからわかるように、UN は「第二次世界大戦戦勝国連合」が本来の意味であり正しい訳である。日本は第二次世界大戦で負けた。敗戦国である。よって、国連設立当初、日本は国連のメンバーではなかった。国連とはそもそもそういう組織であることを忘れてはならない。

英文 **05**

And we don't just want to talk about it, but make sure it is tangible.

意訳

そして私たちは、ジェンダー平等についてたんに話し合うのではなく、ジェンダー平等を実体あるものにしたいと思っています。

単語のチェック　make sure ~「確実に~する」（例：Make sure that you arrive at eight!（間違いなく 8 時に到着してください！）） tangible「現実の」「実体のある」「有形の」

解釈と訳のポイント

make sure には「~を確認する」と「~を確実に実行する」といった 2 つの大きな意味がある。ここでは後者の「~を確実に実行する」の意味で使われている。本文の make sure it is tangible の sure の後ろに接続詞の that を補って解釈してやるとよい。

make sure は make sure that~ の形が定番というか定型ではあるが、次に示すように、「make sure if/whether/what/when など＋主語＋動詞」のパターンもある。

I want to make sure if you're really interested in me.
（君が本当に僕に興味があるのか確かめてみたいんだ）

I need to make sure how you did it.
（君がどうやってやったのか確認しておく必要があるんだ）

たしかに英語には型というのがあるが型破りのパターンにも慣れておくようにしよう。

本文には代名詞の it が 2 回現れているが、どちらも 04 の gender equality を指している。代名詞が出てきたら、とにかく、何を指しているかいちいちチェックするようにしよう。これを怠ると正確な読みはできない。誤読するぐらいなら読まないほうがよい。

> **豆知識**
>
> 　　　talk about と意味が似ているからといって、本文の talk about を discuss に置き換えることができるのだろうか。この問に答える前に、まずは、talk about と discuss のニュアンスの違いについて見てみよう。
>
> talk about であるが、そもそも talk は chat（おしゃべり）と意味的に近い。親しい少人数の人たちと気楽に話すのが chat であり talk である。そのようなこともあり、talk about は軽いテーマについてカジュアルな雰囲気で話し合うことを意味する。
>
> 一方 discuss は、シリアスな問題について真剣に協議し、何かしらの結論を導く話し合いを意味する。つまり、discuss は talk about とは違い、フォーマルなシチュエーションで行われる話し合いを意味する。
>
> 国連はフォーマルな場である。よって、本来なら、本文では talk about ではなく discuss を使うべきところである。では、なぜ discuss ではなく talk about を使っているのだろうか。それは、we don't just want to talk about it からわかるように、「ジェンダー平等について、カジュアルな感じで話し合うのではなく、ちゃんと議論をしたいんです！」という思いを込めたかったからだ。このことからわかるように、たとえ意味が似ているといえども、本文の talk about を discuss に置き換えることはできないのだ。
>
> 受験英語で talk about ＝ discuss という言い換えを習ったかと思うが、この言い換えは、ニュアンスの違いを無視した場合にのみ成立するといえる。
>
> なお、日本語の「討論する」「議論する」に対応する英語は discuss ではなく debate（賛成と反対に分かれて討議する）である。discuss は、上でも見たように、「話し合う（talk about）」が意味的に近い。相手を論破し

たりフルボッコにする「討議する」「議論する」のニュアンスは discuss にはない。よって、日本語の感覚で「討議する」「議論する」を英語で表したいときは、discuss ではなく debate を使うようにしよう（『英語語義語源辞典』（三省堂）を参照）。

Hatakeyama's Comments

エマ・ワトソンは本名をエマ・シャーロット・デューレ・ワトソン（Emma Charlotte Duerre Watson）という。1990 年 4 月 15 日、フランスのパリに生まれる。両親はともに弁護士で、その後、弟のアレックスが生まれる。ちなみに弟のアレックスはモデルをしている。エマが 5 歳のときエマの両親は離婚している。その後、エマと弟のアレックスは母親についてイギリスのオックスフォードに移り住む。エマといえば映画『ハリー・ポッター』シリーズのハーマイオニー役で有名であるが、エマは、なんと、ハーマイオニーの役を 9 歳から 21 歳までの 12 年間にわたって演じたのである。

英文 06

I was appointed six months ago and the more I have spoken about feminism the more I have realized that fighting for women's rights has too often become synonymous with man-hating.

意訳

私は 6 ヶ月前に UN Women 親善大使に任命されましたが、フェミニズムについて話せば話すほど、女性の権利を求めることがほとんど男性敵視につながるということに気づくようになりました。

単語のチェック appoint「（役職などに）任命する」（例：They appointed Jones manager. ＝ They appointed Jones as manager. ＝ They appointed Jones to the post of manager.（彼

らはジョーンズを支配人に任命した)) feminism「男女同権主義」 right「(しばしば複数形で、法律的な) 権利」 synonymous with ～「～と同じ意味に」「～と密接に結びついて」

I was appointed six months ago の appointed の後ろに何かが欠けている。何であろうか。「UN Women 親善大使に」に相当する英語である。動詞 appoint は「単語のチェック」で見たように、次の3つのパターンをとる (例を再度繰り返す)。

They appointed Jones manager.

They appointed Jones as manager.

They appointed Jones to the post of manager.

(彼らはジョーンズを支配人に任命した)

したがって本文を省略しないで書くと次のようになる。

I was appointed UN Women's goodwill ambassador six months ago.

I was appointed as UN Women's goodwill ambassador six months ago.

I was appointed to the post of UN Women's goodwill ambassador six months ago.

このように省略されたものを補って、はじめて完全な読解が可能となる。なお省略されたものを意訳では復元している。

本文には、受験英語でお馴染みの「the＋比較級, the＋比較級」が見られる。ここで「the＋比較級, the＋比較級」の基本をおさえておこう。話の便宜上、「the＋比較級, the＋比較級」を次のように表示する。

[文1 the 比較級], [文2 the 比較級]

「the＋比較級, the＋比較級」は、文1と文2の2つの文からなる。普通、2つの文を結びつけるには接続詞の and や or などが必要である (例：Nancy played the piano and I played the guitar.)。接続詞を使わなければ分詞構文を使って2つの文を結びつけることになる (例：While skiing in Nagano, I twisted my ankle.)。あるいは、セミコロン (；) を使って2つの文を結びつける (例：Be careful of what you say; your message could be misunderstood.)。「the＋比較級, the＋比較級」では、これらのケースとは異なり、コンマを使って2つの文が結びつけられている。

さらに、[文1 the 比較級], [文2 the 比較級] では文1が従属節として機能し、文2が主節として機能している。そして、「文1に書かれていることをすればするほど、文2で書かれていることが起こる」と解釈する。だからこそ、以下に示す本文の「the +比較級, the +比較級」は（[文1 the 比較級], [文2 the 比較級] の形が見えやすいように文1と文2の間にコンマを入れた）、

the more I have spoken about feminism, the more I have realized that fighting for women's rights has too often become synonymous with man-hating

「意訳」にあるように訳せるのだ。「意訳」にある訳を下に繰り返す。

フェミニズムについて話せば話すほど、女性の権利を求めることがほとんど男性敵視につながるということに気づくようになってきた。

受験英語で公式のように覚えた「the +比較級, the +比較級」も、このように見れば、また違った印象をもってみることができるであろう。

豆知識

エマは2014年7月8日に UN Women の親善大使に任命された。UN Women 親善大使には、エマの他に、同じく女優だとニコール・キッドマンやアン・ハサウェイも就任している。また、UN Women 親善大使には芸術や文化、そして政策面で国際的に名声の高い人が選出されることもあり、タイやヨルダン王国の王女なども就任している。

「HeForShe」イベントでのエマと UN Women 事務局長のプムズィレ・ムランボ＝ヌクカ（2014年9月20日）［提供：UN Photo／Crystal Pictures／アフロ］

UN Women 事務局長のプムズィレ・ムランボ＝ヌクカは、エマが UN Women 親善大使に就任するにあたり、次のように語っている（国際ウィメン日本協会のウェブサイトを参照）。

21世紀にジェンダー平等を進めていこうとすればぜひ若い女性に参加してもらわなくてはなりません。エマならその知性と情熱でUN Womenのメッセージを世界中の若者の心に届けてくれると信じています。

このようなヌクカ事務局長の期待に対して、エマは次のように答えている。

UN Womenの親善大使を頼まれて本当に敬虔な気持ちになっています。実際に何かを変えるチャンスは、すべての人に与えられるものではないので、真剣に取り組んでいくつもりです。女性の人権は私が私であることと密接にかかわっていますし、私の人生の深いところに根差しています。まだ学ばなくてはならないことはたくさんありますが、私の個人的な経験、知識がお役に立てればうれしい。

このエマの抱負に肉付けされたもの、それがエマの国連スピーチである。

英文 07

If there is one thing I know for certain, it is that this has to stop.

【意訳】————————————————————

はっきりしていることは、そんな誤解はすぐにでも解くべきだということです。

(単語のチェック) for certain「たしかに」(例:She never knew for certain how it happened. (それがどうやって起きたのか、彼女にははっきりとわかっていませんでした)) surely と同じ意味。know や say の後ろでよく使われる。

解釈と訳のポイント

主節 it is that this has to stop の主語 it は、if 節の one thing I know for certain を指している。that this has to stop を指しているのではない。つまり、形式主語の it ではない。もし形式主語の it ならば、it is の is の後ろに名詞なり形容詞がないとい

けない。ここはそうはなっていないので、ここの it は形式主語の it ではない。普通の代名詞の it である。なお、this has to stop の this は 06 の次の部分を指している。

that fighting for women's rights has too often become synonymous with man-hating
（女性の権利を求めることがほとんど男性敵視につながるということ）

代名詞は小さく、そして簡単な単語である。でも、だからといって軽くあしらっていいものではない。代名詞は英文読解の大きなカギを握っている。代名詞が出てきたら、とにかく、それが何を指しているかいちいちチェックするようにしよう。

豆知識

　　　本文には if 節があるものの、動詞がすべて現在形であるので、本文は仮定法の文ではなく条件文である。仮定法の文も条件文も、どちらも「もし～なら…だ」と訳すなり解釈することができるが、条件文は、仮定法の文とは異なり、反実仮想（事実とは異なること）を表さない。

さて、条件文であるが、本文のように if 節を使うことがあれば when 節を使って書くこともある。しかし、if 節を使ったときと when 節を使ったときでは意味の違いが見られる。次の 2 つの文を比べてみよう。

If you come to Tokyo, please visit us.
（東京にくることがあれば声かけてよ）

When you come to Tokyo, please visit us.
（東京にきたら声かけてよ）

if 節を使っている最初の文は、you が東京にくるのかどうかわからないときに使う。一方、2 つ目の when 節を使っている文は、you が東京にくることがわかっているときに使う。ちなみに、次の仮定法（過去）の文は、

If you came to Tokyo, please visit us.
（もし東京にくることがあったら声かけてよ）

もうおわかりのとおり、you が東京にくる可能性が低いときに使う。

if を使った条件文と when を使った条件文、そして if を使った仮定法の文、ちゃんと使い分けられるようにしよう。

上で見たように、if を使うか when を使うかで、確実性に差が出る（確実性については 01 も参照）。if と when には、この確実性のほかに、主節に will を使うのを好むか好まないかでも差が見られる。次の 2 つの文を見てみよう（『実践ロイヤル英文法』（旺文社）を参照）。

If you heat silver to 962℃, it {will melt/$^?$melts}.
When you heat silver to 962℃, it {$^?$will melt/melts}.
（摂氏 962 度まで熱すると銀は溶ける）

if が「〜するときはいつも」の意味で使われるとき、1 つ目の文に見られるように、主節では will が使われるのが好まれる。その一方で、when を使うときは、2 つ目の文に示されるように、主節に will を使うのは好まれない。if には、when とは異なり、「これからやる」という will のもつ「これからやる感（未来感）」があるからだ。

英文 08

For the record, feminism by definition is: "The belief that men and women should have equal rights and opportunities. It is the theory of the political, economic and social equality of the sexes."

意訳 ────────────────────────

念のためにいっておきますと、フェミニズムとは、定義上、男性と女性が、同等の権利と機会をもつべくしてもつという信念のことです。つまりフェミニズムとは、性に関する、政治的、経済的、そして社会的な平等の理論のことなのです。

単語のチェック for the record「はっきりさせておくが」「念のために」just をつけて just for the record の形でよく使われる。by definition「定義上」 opportunity「機会」「チャンス」 theory「理論」「考え」 political「政治的な」 economic「経済の」 social「社会的な」 sex「（男性（male）と女性（female）を区別する意味での）性・性別」

解釈と訳のポイント

後半の文 It is the theory of the political, economic and social equality of the sexes. の主語 It は feminism を指している。また、the sexes に定冠詞の the がついて、さらに sex が複数形になっているのは、この the sexes がその前の文にある men and women を指しているから。

後半の文 It is the theory of the political, economic and social equality of the sexes. の the political, economic and social equality of ... のところに注目してもらいたい。ここでは economical でなく economic が使われているが、なぜ economical ではなく economic が使われているのだろうか。それは、economical は「経済的な」「節約になる」「徳用の」の意味ということもあり、economical を使うとトンチンカンな意味になってしまうからだ。

economic と economical に見られる関係が、classic（一流の／古典的な）と classical（クラシックの）、そして histiric（歴史的に重要な）と histrical（歴史上の）にも見られる。訳を見て気づいたかと思うが、接尾辞 -cal がつくと「重要な」の意味合いが失われる。

似たような単語でもまったく異なる意味の単語がある。気をつけよう。

豆知識

本文の The belief that men and women should have equal rights and opportunities. の意訳「男性と女性が、同等の権利と機会をもつべくしてもつという信念」を見てわかるように、ここでは助動詞 should を「当然だ」の意味で捉えている。助動詞を訳すのは、実は、かなり高度なテクニックを要する。

さて、中学や高校で「should ~ = ~すべき」「had better ~ = ~したほうがいい」と教えてもらった人が多いかと思う。でも実は、「should ~ = ~

すべき」「had better ～＝～したほうがいい」という公式は間違いで、「should ～＝～したほうがいい」「had better ～＝～すべき」という公式が正しいのだ。had better が should で、should が had better なのである……　受験英語で学んだことの逆が正しいのだ。

had better であるが、had better には比較級の better があるから、なんとなく「～するよりは…したほうがいい」といったアドバイス的なニュアンスがあるように思える。しかし、had better は、そのような穏やかなやさしい表現ではなく、ほとんど脅しに近い命令調の表現なのである。よって、You had better call me soon は「俺のところにすぐに電話するように（さもなくば……）」といった脅迫めいた文なのである。

一方 should には、「～したほうがいいよ」といったアドバイス的なニュアンスがある。しかも、そんなに命令されている感じもなく、まさに助言の表現である。したがって、You should check it は「それ、チェックしておいたほうがいいんじゃないかな」といった意味になり、「～したほうがいいよ」の助言のニュアンスがある。should の代わりに I suggest that you should を使うと、さらに丁寧な助言の表現になる。

受験英語でやったことを鵜呑みにしていると、大きく意味を取り違えてしまうことがある。受験英語、真に受けるなかれ。

Hatakeyama's Comments

両親の離婚後、母親と弟の３人でオックスフォードに移り住んだエマは、演技の勉強をすべく、ステージコーチ・シアター・アーツ・オックスフォード校に通う。その時に『ハリー・ポッター』出演の切符を手にする。ステージコーチ・シアター・アーツ・オックスフォード校に通いながらドラゴン・スクールという小学校に通い、その後、ヘディントン・スクールという女子校に通うことになる。好きな科目は英語と歴史、そして芸術系のもの。苦手な科目は数学と地理。『ハリー・ポッター』の撮影中も毎日５時間は勉強をしていた。『ハリー・ポッター』のシリーズが終わったあと、大学進学を希望していたエマは、2009 年秋にアメリカのブラウン大学

に入学する。専攻は英文学。2014年5月に同大学を卒業。

英文 09

I started questioning gender-based assumptions when at eight I was confused at being called "bossy," because I wanted to direct the plays we would put on for our parents—but the boys were not.

意訳

私がジェンダーに基づく考えに疑問をもちはじめたのは、私が8歳のときでした。当時、親御さんに見せる劇を私がしきろうとしていたところ、そんな私をみんなは「えばっている」というのです。私は困惑してしまいました。男子はそういわれることはなかったのに。

単語のチェック question「疑問に思う」 assumption「仮定」 confused「困惑した」 bossy「親分風を吹かせる」 direct「指導する」「管理する」 play「劇」 put on「劇などを上演する」（例：This drama club put on a presentation of *Macbeth* last year.（この演劇部は去年『マクベス』の上演を行った））

解釈と訳のポイント

because 節の because I wanted to direct the plays we would put on for our parents を見てみよう。direct には「（演劇や TV 番組などを）演出する」の意味があり、direct a play は「劇を演出する」の意味になるが、本文中の direct the plays はこの意味では使われていない。「企画した演劇をしきる」の意味で使われている。つまり、direct を「演出する」の意味ではなく「ひっぱっていく」の意味で使っている。このように解釈しないと、なぜみんなに「えばっている」といわれるのか説明がつかない。

I was confused at being called "bossy," の後ろに本来あるはずの by ~ がない。ここでは、男子だけでなく女子からも「えばっている」といわれていると考え、意訳では「みんなに」を補って訳している。つまり、I was confused at being called "bossy" by both boys and girls の by both boys and girls が省略されているものと考えてここでは訳している。

本文の最後にある but the boys were not であるが、not の後ろに何かが省略されている。何が省略されているのだろうか。この文は否定の受動文であり、しかも逆説の接続詞 but によって導かれている。よって、省略されているとしたら肯定の受動文の一部分である。そこで先行する文の中にそれらしいものがないか探すと 2 つ見つけることができる。confused at being called "bossy" と called "bossy" である。どちらも省略の候補として考えられる。ここでは後者の called "bossy" が省略されていると考え、意訳では「男子はそういわれることはなかったのに」としている。とにかく、省略があったら情報の補填をして文を復元してから文意を汲みとるようにしよう。

本文であるが、主節と従属節に分けるとしたら、さてどこで分けられるであろうか。ほとんどの人が because の前後で分けられると考えるのではないだろうか。つまり主節が I started questioning gender-based assumptions when at eight I was confused at being called "bossy," で、従属節が because I wanted to direct the plays we would put on for our parents—but the boys were not だと考えるのではなかろうか。でも、違うのだ。

09 から 13 まで（つまり 09 ではじまるパラグラフ）をすべて書き出すと次のようになる。

I started questioning gender-based assumptions when at eight I was confused at being called "bossy," because I wanted to direct the plays we would put on for our parents—but the boys were not. When at 14 I started being sexualized by certain elements of the press. When at 15 my girlfriends started dropping out of their sports teams because they didn't want to appear "muscly." When at 18 my male friends were unable to express their feelings. I decided I was a feminist and this seemed uncomplicated to me.

見てわかるように、10 から 12 まで、すべて、「When at 数字」のパターンになっている。しかも、同じパターンが 09 の途中にも見られる。このことからわかるように、

27

09 の when at eight 以下と 10 から 12 までは、いずれも、09 の I started question-ing gender-based assumptions を修飾しているのである。つまり、09 から 12 までは、実は、次のような構造をしているのだ。

I started questioning gender-based assumptions

(i) when at eight I was confused at being called "bossy," because I wanted to direct the plays we would put on for our parents — but the boys were not.

(ii) When at 14 I started being sexualized by certain elements of the press.

(iii) When at 15 my girlfriends started dropping out of their sports teams because they didn't want to appear "muscly."

(iv) When at 18 my male friends were unable to express their feelings.

(i) が 09 の一部で (ii) が 10 で、(iii) が 11 で (iv) が 12 である。

I started questioning gender-based assumptions の gender-based assumptions を見てわかるように、「ジェンダーに基づく考え (gender-based assumptions)」が複数ある。エマにそういった「考え (assumptions)」をもたせた原因ないしきっかけが、もうおわかりのように、ほかならぬ上の (i)-(iv) であるのだ。つまり、8 歳と 14 歳、そして 15 歳と 18 歳のときに経験したことが、「ジェンダーに基づく考え」に対して疑問をもつきっかけとなっているのである。

通常、when 節は従属節ということもあり、主節よりも情報の重要度が低い。でも、02 で見たように、英語には文末焦点の原理というものがあり、情報の重要度が低いものでも、それを文末に置くことにより、そこにスポットライトを当てることができる。

09 から 12 では、when 節を文末にリストアップすることにより、これら 4 つの when 節に焦点を当てることができている。こうやって、何歳のときにどういった経験をしたかが強調されることにより、いかにしてエマが「ジェンダーに基づく考え」に疑問をもつに至ったかが強く印象付けられている。エマがフェミニストになるきっかけとなった経緯と出来事が、09 から 12 の when 節により、オーディエンスの脳に焼き付けられるようになっているのだ。

本文の前半に gender-based assumptions（ジェンダーに基づく考え）というのがあるが、これは、assumptions which are based on gender と解釈してやるとよい。同じように、たとえば、the sensor-equipped notebook（センサーが搭載されたノートパソコン）にしても、これは the notebook which is equipped with a sensor と解釈してやるとよい。同様に、a health-related website（健康に関連したウェブサイト）は a website which is related to health と解釈してやるとよい。このように「α -Ven β」の形のものは「β which be Ven 前置詞 α」の形にして解釈してやるとよい（Ven は過去分詞を意味する）。

英文 10

When at 14 I started being sexualized by certain elements of the press.

意訳

私は 14 歳のとき、一部のメディアに性的な対象として扱われるようになりました。

単語のチェック　sexualize「人を性の対象として見る」　element「しばしば複数形で、社会の構成分子」　press「マスメディア」「マスコミ」

解釈と訳のポイント

09 の「解釈と訳のポイント」で触れたように、本文の 10 は、09 の I started questioning gender-based assumptions を修飾している。なお本文は、次に示されるように、at 14 をコンマでくくって、at 14 を挿入句的に解釈してやるとよい。

When, at 14, I started being sexualized by certain elements of the press.

同じことが、次に示されるように、09 の at eight にもいえる。

I started questioning gender-based assumptions when, at eight, I was confused at being called "bossy," because I wanted to direct the plays we would put on for our parents—but the boys were not.

09 も本文の 10 も、そしてこの後に続く 11 と 12 も、when ではじまる時の副詞表現の中に、さらに「at 数字」で表される時の副詞表現が埋め込まれている。

豆知識

　　　本文の I started being sexualized の started being に注目してもらいたい。ここでは started の後ろに動名詞の being がきているが、ここを to 不定詞にして I started to be sexualized としても意味は変わらないのだろうか。start to do と start doing の違いについて見てみよう。

start to do と start doing は、基本、同じ意味を表す。よって、次の 2 つの文は意味的には大きな差はない。

Yuji started to play the guitar.
Yuji started playing the guitar.

どちらも「ユウジがギターを弾きはじめた」という意味を表す。

でも、start to do と start doing は、動作のどこに着目ならびに注目しているかで違いが見られる。start to do は、動作の開始時に焦点が当てられている表現であるのに対し、start doing は、動作がはじまってからしばらくその動作が続いていることに焦点が当てられている表現である。

したがって、上で見た 1 つ目の文では、ユウジがギターを手にもった状況や、最初の 1 音を弾いた、その瞬間を描写したものになっている。その一方、2 つ目の文は、ユウジがギターを弾きはじめ、イントロを弾いてそろそろ A メロに入ろうとしているところを描写した文となっている。

さて、本文であるが、本文は start doing の形になっているので、メディアに性的な対象として扱われ、しばらくその状態が続いていることを読みとることができる。もし、本文を start to do の形で書き、I started to be sexualized ... とすると、メディアに性的な対象として扱われたその瞬間にスポットライトが当てられた文になる。

たとえ意味的に大きな違いはないといえども、start to do で書くか start doing で書くかで、ビミョーな意味の違いが出てしまう。

英文 **11**

When at 15 my girlfriends started dropping out of their sports teams because they didn't want to appear "muscly."

意訳 ―――――――――――――――――――――――

そして 15 歳のとき、私の女ともだちは次から次へとスポーツクラブをやめるようになりました。「筋肉隆々」に見られたくないというのがその理由です。

(単語のチェック) girlfriend「ガールフレンド」「女性同士の友達」ここでは後者の意味で使われている。drop out of ~「～を抜ける」 muscly「筋骨たくましい」

解釈と訳のポイント

09 の「解釈と訳のポイント」で触れたように、本文の 11 は、09 の I started questioning gender-based assumptions を修飾している。なお本文は、次に示されるように、09 や 10 と同様に、at 15 をコンマでくくって、at 15 を挿入句的に解釈してやるとよい。

When, at 15, my girlfriends started dropping out of their sports teams because they didn't want to appear "muscly."

本文には 2 つの代名詞 their と they があるが、いずれも my girlfriends を指している。代名詞が出てきたら、とにかく、面倒くさがらずに、何を指しているのかいちいちチェックするようにしよう。

my girlfriends started dropping out of their sports teams の started dropping に注目

31

してもらいたい。started dropping はしいて訳すと「やめ始めた」となるが、かなりヘンな表現である。そもそも「やめるのを始める」というのは意味的にヘンである。それにもかかわらず、ここでは started dropping という表現が使われている。そして、それでいて、本文にはとくに違和感がない。なぜだろうか。

謎解きのヒントが主語の my girlfriends にある。主語が複数形の my girlfriends になっているからこそ、started dropping という表現が許されているのである。

主語が複数形のとき、繰り返し（repetition）の読みが可能になる。よって本文は、「次から次へと女ともだちがスポーツクラブをやめ始めた」といったニュアンスの文になっている。実際、「やめ始めた」は日本語としてもかなり違和感があるが、「次から次へとやめ始めた」ならほとんど違和感がないであろう。

主語が単数形であるか複数形であるかにより、このように、文全体の解釈というか文から読みとれる状況がかなり違ってくる。

豆知識

　「ドロップアウト」という表現がある。これに引きずられて dropping out of their sports teams を dropping out で1回切って、その後 of their sports teams をひとまとめにして読んではダメだ。drop は自動詞であり、後続する out of their sports teams が dropping を修飾している。したがって、あえてブレス（息継ぎ）を入れるのであれば、dropping の後である。つまり、dropping で1回切り（つまり息継ぎして）その後一気に out of their sports teams をひとまとめにして読み上げるのだ。文法を知っているかどうかで読み方まで変わってくる。

本文後半にある because they didn't want to appear "muscly" に注目してもらいたい。受験英語では、よく、「appear や seem は appear/seem to do の形で使う」といった使用上の注意を教えてもらうかと思う。しかし、本文にもあるように、appear/seem to do の to do が to be のときはよく to do（つまり to be）が省略される。すなわち、to be の後ろに形容詞的なものがくるときは to be が省略され、形容詞ぽいものが

appear/seem の直後にくる。こういったことを知っているだけで英語を読むストレスが減ってくるし、英文を書くときもネイティブらしい英語が書けるようになる。

英文 12

When at 18 my male friends were unable to express their feelings.

意訳

私が18歳のときは、私の男ともだちは、自分の感情を表に出すことが許されずにいました。

単語のチェック male「(女性に対しての) 男性の」 express「(考えや感情などを) 表現する」「(ことばなどで) 言い表す」 feeling「(複数形で) (理知に対する) 感情や (怒りなどの) 激情」

解釈と訳のポイント

09 の「解釈と訳のポイント」で触れたように、本文の 12 は、09 の I started questioning gender-based assumptions を修飾している。なお本文は、次に示されるように、09 や 10 や 11 と同様に、at 18 をコンマでくくって、at 18 を挿入句的に解釈してやるとよい。

When, at 18, my male friends were unable to express their feelings.

11 では「女ともだち」を girlfriends と表現していたのに対して、本文では「男ともだち」を male friends と表現している。なぜ 11 と同じように boyfriends と表現しなかったのだろうか。boyfriends だと「男ともだち」の意味ではなく「彼氏」や「恋人」の意味になってしまうからだ。たとえば I have a boyfriend といったら、普通は「彼氏がいる」という意味になる。ここではエマの彼氏のことを問題にしているのではなく、たんなる男ともだちのことを問題にしている。そこで、誤解が生じないよう、boyfriends ではなく male friends という表現を使っているのである。

　　本文の主節 my male friends were unable to express their feelings の were unable to express の部分に注目してもらいたい。ここは couldn't express としてもいい。なぜだろうか。その理由についてざっくりと解説しよう。

could と was/were able to はともに「できた」の意味で使えるが、使える状況に違いがある。could は能力を重視し、「かつて◯◯する能力があった」の意味合いで使う。その一方、was/were able to は「その場限りの単発的な動作をすることができた」の意味合いで使う。

could と was/were abele to にはこのような違いがあることから、次に示すように、「アイツの授業で少し寝ることができた」を英語でいうとなると、was/were able to は使えるが could は使えない。

I {○was able to/×could} get some sleep in his class.

一方、「私のお母さんは小さいとき中国語が話せた」を英語でいうとなると、次に示すように、could は使えるが was/were able to は使えない。

My mother {×was able to/○could} speak Chinese when she was young.

最初の居眠りの例ではその場限りの動作を問題にしているのに対して、2つ目のお母さんの例では能力を問題にしているからだ。

このように、「できた」は「できた」でも、能力を問題にしているのか、それとも1回だけの動作を問題にしているのかで、could を使うか was/were able to を使うか判断しないといけない。

さて、本文であるが、「当時の男ともだちが18歳のとき」という「その場限り」のこととして語っているのであれば、本文にあるように was/were able to を使うのに何も問題はない。ただ、ここは、社会的な要請から、

つまり「男はめったに喜怒哀楽を顔に出すもんじゃない！」という「呪い（圧力）」から、感情を表に出す「能力」を男性が剥奪されているとも読みとれる。そう解釈した場合、能力を問題にしているので、were unable to express ではなく could not express を使ってもいい。エマは両方の意味を込めて were unable to express を本文で使っていると忖度し、意訳ではあえて「許されずにいた」としている。

英文 13

I decided I was a feminist and this seemed uncomplicated to me.

意訳

自分がフェミニストであることに私は気づきました。ただ、フェミニストであることは、私にとって難しいことだとは思えませんでした。

(単語のチェック) feminist「男女同権主義者」「女権拡張論者」　なお、「フェミニスト」には「女性にやさしい男」の意味はない。　uncomplicated「複雑でない」

解釈と訳のポイント

本文は 2 つの文からなっている。1 つが I decided I was a feminist でもう 1 つが this seemed uncomplicated to me である。つまり、この 2 つの文を結びつけているのが等位接続詞の and である。また、2 つ目の文の主語 this は 1 つ目の文にある I was a feminist の内容を受けている。フェミニストであること、それが 2 つ目の文の主語 this の指している内容である。

1 つめの文の I decided I was a feminist について見てみることにしよう。この文ではいわゆる「時制の一致」が起きている。ここで英語の「時制の一致」について見てみる前に、まずは、日本語に見られる「時制の不一致」について見てみよう。

日本語には、次の例に見られるように、時制の一致が見られない。

ミカが結婚しているとユウジは聞いた。

過去形の動詞「聞いた」が主節の動詞であるが、従属節の動詞「結婚している」は現在形のままである。主節の動詞の過去形に引きずられて従属節の動詞が過去形にはなっていない。このことからわかるように、日本語には時制の一致がないのだ。

その一方、英語だと、時制の一致があるので、次の英訳に見られるように、

Yuji **heard** that Mika **was** married.

主節の過去形の動詞 heard に引きずられて従属節の動詞も過去形の was にしないといけない。

本文の I decided I was a feminist の従属節の動詞 was も、時制の一致の影響で、主節の過去形の動詞 decided に引きずられて過去形の was になっているのだ。

時制の一致は日本語にはない。だからこそ、英語に見られる時制の一致は日本人の私たちにはイマイチしっくりこないのである。

I decided I was a feminist が「自分がフェミニストであることに私は気づきました」と意訳されているのを見て「あれ？」と思った人が少なくないと思う。decide が「決意する」ではなく「気づく」と訳され、was が「〜になる」ではなく「〜である」と訳されていることに「あれ？」と思った人は多いかと思う。つまり、I decided I was a feminist が「フェミニストになろうと私は決意しました」と訳されていないことにほとんどの人が「あれ？」と思ったことかと思う。

decide には、「いろんな事実を踏まえた結果、ある結論をもつに至る」という意味がある。つまり、「いろんな経験をして、今いる自分の状況がわかる」といった意味がある。

エマは、09, 10, 11, 12 で見たように、小学校と中学校、そして高校で、ジェンダーに基づく考え（gender-based assumptions）に疑問を抱く経験をいろいろした。そして、そのような過去の経験から、「自分はフェミニストなんだ」と気づく（realize）ようになったのである。

エマは、おそらく、最初は自分がフェミニストだとは思っていなかったであろう。で

も、09, 10, 11, 12 にあるような経験をして、自分がジェンダー平等について考える
ようになり、それで「自分はフェミニストなんだ」と気づいた（I decided I was a
feminist）のである。けっしてある時「今からフェミニストになるぞ！」と決意表明
したわけではない。

さらっと読めてしまう I decided I was a feminist ではあるが、文脈などを総合的に
考えると、ここは「フェミニストになろうと私は決意しました」ではなく「自分が
フェミニストであることに私は気づきました」と意訳するのがベストである。

豆知識

　　　　本文の２つ目の文 this seemed uncomplicated to me について
少し詳しく見てみよう。この文は文法的にはどうなっているのだろうか。

この文はもともと次のような文であった。

It seemed that this was uncomplicated to me.

従属節の動詞 was が過去形なのは、主節の動詞 seemed が過去形である
からだ。つまり、時制の一致の影響で過去形になっているのである。

さて、本文はもともと次のような文であったわけだが、

It seemed that this was uncomplicated to me.

従属節の主語 this を主節の主語に格上げさせると次のようになる。

This seemed to be uncomplicated to me.

11 でも見たように、appear/seem to do で to do が to be のときはよ
く省略される。そこで、上の文の to be を省略すると次のようになるが、

This seemed uncomplicated to me.

これがほかならぬ本文の２つ目の文である。

ここまでのプロセスを経て、はじめて本文を正しく理解することができる
のである。

エマは、仕事の合間を縫ってザンビアやバングラディシュを訪れ、少女たちがいかに劣悪な環境で教育を受けているかを知る。少女たちの教育環境を向上させるべく人道支援活動をしていたところ、そのことが国連に評価され、大学卒業から2ヶ月たった2014年7月8日に、UN Women 親善大使に任命される。そして、その2ヶ月後、2014年9月20日に、本書で紹介している HeForShe（ジェンダー平等のための運動）のスピーチをするに至る（06では、UN Women 親善大使に任命されたのは6ヶ月前だとエマはいっているが、おそらく、任命の話があったのが6ヶ月前のことなのだろう）。大学卒業から国連スピーチまでたった4ヶ月である。エマにとって、この4ヶ月は人生の中でも特別な4ヶ月であったことであろう。

英文 **14**

But my recent research has shown me that feminism has become an unpopular word.

意訳

でも、最近調べてわかったのですが、どうもフェミニズムということばは評判がよくないようなのです。

単語のチェック recent「最近の」 unpopular「人気のない」「評判の悪い」

解釈と訳のポイント

本文は主節の my recent research has shown me と従属節の that feminism has become an unpopular word からなるが、どちらも現在完了形である。いずれも「have/has＋過去分詞」の形になっているからだ。

さて、現在完了形であるが、現在完了には「現在」の意味はあるが「完了」の意味はほとんどない。現在完了とは、過去に起こったことが現在に何らかの形で影響を及ぼ

し、それが状況に応じて「結果」や「継続」、あるいは「完了」や「経験」の意味で捉えられるだけのことである。

本文の主節 my recent research has shown me であるが、これは、ある過去の時点でわかったことが今も通用していることを意味しているのにすぎない。同じように、従属節の that feminism has become an unpopular word も、ある過去の時点でフェミニズムの評判がよくなくなり、それが今もなお続いていることを意味しているだけのことだ。

現在完了の文が出てきたら、現在どういった状況なのか、現在に意識を向けて解釈してやるとよい。それさえできれば、「結果」や「継続」、そして「完了」や「経験」のどの意味で解釈したらいいかはどうでもいいことだ。

現在完了形は文脈次第でどのようにも解釈できる。現在完了形が出てきたら、とにかく、文脈をいろいろ考えた上で、過去の出来事と今の状況がどう関係づけられるか考えることだ。

豆知識

　　本文の最後にある an unpopular word の an に注目してもらいたい。よく知られているように、子音ではじまる名詞は、不定冠詞をとるとなると a をとり、母音ではじまる名詞は、a ではなく an をとる。ここで大事なのは、不定冠詞の an をとるのは母音字ではじまる名詞ではなく母音ではじまる名詞であることだ。

母音というのは、簡単にいうと、「ア イ ウ エ オ」のことである。よって、a, i, u, e, o が母音字ということになる。

apple の a は母音字であり、しかも「ア」と発音するので母音でもある。よって、apple は不定冠詞をとるにしても、an をとることになる。同じように、egg の e は母音字であり、なおかつ「エ」と発音するので母音でもある。よって、egg も不定冠詞の an をとることになる。

では、university はどうであろうか。university の u は母音字である。しかし「ユ」と発音するので母音ではない。子音である。よって、university

に不定冠詞をつけるとなると an ではなく a になる。

最後に、本文にある unpopular を見てみることにしよう。unpopular は university と同様に母音字の u ではじまっている。しかし、university とは違い、unpopular の un は「アン」と発音される。つまり unpopular は母音ではじまる単語である。よって、unpopular は、university とは違い、不定冠詞をつけるにしても a ではなく an をつけることになる。

university と unpopular は、ともに出だしが un- ではじまるが、選ばれる不定冠詞が違う。形を見るな、音を聞け！である。

英文 15

Apparently I am among the ranks of women whose expressions are seen as too strong, too aggressive, isolating, anti-men and, unattractive.

意訳 ─────────────────────────────

私はどうも言い方がキツく、かなり攻撃的で、孤立していて、男に敵対心を抱いていて、しかも女として魅力的でない、そんな女性の 1 人だと思われているようなのです。

単語のチェック apparently「聞いたところでは〜らしい」「あきらかに」 rank「階級・位」rank を動詞として rank among 〜「〜と同列に位する」のように使うこともある（例：Bob Dylan ranks among the greatest rock musicians in history.（ボブ・ディランは歴史上もっとも偉大なロックミュージシャンの 1 人としての地位を占める）） expression「（ことばによる）表現」「表情」「顔つき」 aggressive「攻撃的な」 isolating「孤立している」今風のことばを使うと「ういている」になる anti-「〜に反対の、〜嫌いの、〜に対抗する」 unattractive「魅力のない」（エマは十分女性として魅力的なので、ここでは「好感がもてない」ぐらいの意味で使われているのかもしれない）

解釈と訳のポイント

too strong, too aggressive の強調の副詞 too に注目してみよう。強調の副詞には too

40

のほかに so や very があるが、本文の too を so や very に代えてしまうとニュアンスがかなり変わってしまう。強調の副詞の too と so、そして very についてざっくりと見てみよう。

very は「とても」の意味だが、そこには話し手の感情があまり入り込んでいない。つまり very は、感情や私情を削ぎ落とした客観的な表現である。その一方、so は「と〜っても」や「めちゃくちゃ」といった意味合いの表現で、そこには話し手の感情がめちゃくちゃ入っている。つまり so は、感情たっぷりの私情が込められた表現なのである。したがって、I'm very happy と I'm so happy には大きなニュアンスの違いがあり、前者は「とても幸せです」といった感じの文であるのに対して、後者は「わたし、めっちゃしあわせ！」といった感じの文である。

また、I'm so happy の意訳「わたし、めっちゃしあわせ！」からわかるように、so を使った文は私情丸出しということもあり、非常にカジュアルな表現となっている。よって、so はフォーマルな場ではあまり使われない。その一方 very は、私情をあまり含まない客観的な表現であるので、フォーマルな場で好んで使われる。なお、so は女性が好んでよく使う。

では、強調の副詞 too について見てみよう。too には「過ぎたるは及ばざるが如し」のニュアンスがあり、強調は強調でもネガティブ感がプッシュされた表現である。つまり、許容範囲を超えてマズい状況になっていることを意味する。したがって、You are too beautiful は「君は美しすぎて浮気しないか心配だ……誰かにとられちゃうんじゃないかと思ってぜんぜん心安らかでいられないんだ」といった否定的なニュアンスの文になっている。

さて、too と so、そして very のビミョーな意味の違いがわかったところで、本文の too strong, too aggressive について考えてみよう。意訳の「言い方がキツく、かなり攻撃的で」からわかるように、かなりネガティブなニュアンスの表現となっている。事実をたんたんと客観的に述べているのとはほど遠い。したがって、本文の too strong, too aggressive を very strong, very aggressive としたのでは too strong, too aggressive が醸し出す強いネガティブ感が出せない。

また本文は、ネガティブな意味を全面に出していることもあり、比較的ポジティブな

ニュアンスを含む so とは不釣り合いである。したがって、本文を so strong, so aggressive としたのではエマの意図とズレてしまう。本文では使われるべくして強調の副詞 too が使われているといえる。

豆知識

　　anti-men の anti- に注目してみよう。anti- は「～嫌いの」や「～に対抗する」、そして「～に反対の」といった意味をもつ接頭辞である。日本でも「アンチ」として定着している。「アンチ巨人」の「アンチ」や「アンチハタケヤマ」の「アンチ」である。ちなみに「アンチウイルスソフト」の「アンチ」も「アンチエイジング」の「アンチ」もこの「アンチ」である。本文の anti-men の anti が「～嫌いの」の意味で使われているのか、それとも「～に対抗する」や「～に反対の」の意味で使われているかはわからないが、いずれにせよ、anti-men から男に対する対抗意識や嫌悪感がプンプンしてくる。

英文 **16**

Why is the word such an uncomfortable one?

意訳 ―――――――――――

フェミニズムということばは、なぜ、そんなにも耳障りの悪いことばになってしまったのでしょうか。

単語のチェック uncomfortable「心地よくない」

解釈と訳のポイント

本文はもともと次のような文だった。

The word is such an uncomfortable one for some reason.

for some reason の部分を知りたくて、それを why にして文頭にもってきて、さら

に主語 (the word) と (助)動詞 (is) を倒置させてできたのが本文である。

本文の主語 the word は、文脈から察するに、14 の feminism を指している。そして、such an uncomfortable one の one は the word の word を指している。このように one は、「the＋名詞」の定冠詞 the を除いた不定の名詞の代わりとして機能するので「不定代名詞」とよばれる。

不定代名詞 one は、次の例が示すように、

He is a musician, and his son wants to be one, too.

不定の名詞句 a musician の代わりになることができれば、次の例のように、

I prefer these ones better.

指す対象が複数形の不定の名詞であるときは ones になる。

不定代名詞の one(s) が出てきたら、それがどの不定の名詞(句)を指しているのか探りを入れるようにしよう。

なお、不定代名詞の one は、可算名詞を指すことはできるが、次の例に見られるように、不可算名詞は指すことができない。

[○]He likes white wine better than red (wine).
[×]He likes white wine better than red one.

ワインは数えられない名詞である。ワインのような不可算名詞は one で指すことができないのだ。「彼は赤ワインより白ワインのほうが好きだ」を英語で言い表すと、次の2つの言い方しかできないのである。

He likes white wine better than red wine.
He likes white wine better than red.

一筋縄ではいかない「不定可算代名詞」の one である。

豆知識
　　本文のもともとの文 The word is such an uncomfortable one

for some reason. の The word is such an uncomfortable one の部分は、おそらく、14 の feminism has become an unpopular word の言い換えである。フェミニズムという語は心地よくなく、しかも不快と感じられる（uncomfortable）からこそ評判がよくない（unpopular）のである。

英文 **17**

I am from Britain and think it is right that as a woman I am paid the same as my male counterparts.

意訳

私はイギリス出身ですが、男性と同じ仕事をしたのであれば、1 人の女性として、男性と同じだけ賃金をもらえることは当然のことだと思うのです。

単語のチェック　Britain「英国」正式名は the United Kingdom of Great Britain and Northern Ireland である。　pay「（賃金を）支払う」　counterpart「同業の人」「同地位の人」

解釈と訳のポイント

as a woman I am paid the same as my male counterparts の as a woman と as my male counterparts に注目してもらいたい。as a woman は「1 人の女性として」と意訳できることからわかるように、as は「～として」という意味の前置詞である。では、as my male counterparts の as は何であろうか。本文は「the same 名詞 as ～」の同等比較構文であるから、as my male counterpart の as は接続詞（ないし関係代名詞）と考えたほうがよい。つまり、比較の対象を導く接続詞（ないし関係代名詞）の as と考え、本文はもともと次のような文だったと考えるとよい。

as a woman I am paid the same amount of money as my male counterparts are paid

この文をもとに、the same amount of money の amount of money と my male counterparts are paid の are paid を省略すると次の文ができあがる。省略された箇所を φ で表す。

as a woman I am paid the same ϕ as my male counterparts ϕ

これがほかならぬ本文である。このようなプロセスを経て本文はできていることもあり、as my male counterparts は一見すると前置詞句のように見えるが、as a woman とは違い、接続詞（ないし関係代名詞）の as をともなう節である。

なお、本文には（I think）it is right that ～ という表現があるが、この表現は 18 から 20 まで繰り返される。本文の 17 から 20 までを通して、エマは、自分の信じているものが何なのか、そして女性はどうあるべきか、熱く、そして切実に語っていくのである。

意訳では it is right を「当然だ」と訳している。つまり right を fair の意味で訳している。ここでは、そして続く 18-20 でも、08 で should を「当然だ」の意味で捉えたように、ここでも right を「当然だ」の意味で捉えている。

単語 1 つ 1 つをないがしろにしないで、単語 1 つ 1 つの意味をしっかりと汲みとってやる。このプロセスを踏まないと書き手の真意に迫ることはできない。

豆知識

I am from Britain（私はイギリス出身です）の be from ～ は出身地がどこかを伝える表現である。出身地を聞くときは Where are you from? でよい。もちろん動詞 come を使って Where do you come from? ということもできる。ただし、Where did you come from? のように過去形で聞くことはできない。これだと「どこからきたの？」という意味になってしまう。ただ、同じ過去形でも Where did you grow up? なら出身地を尋ねる表現になる。なお、出身地はきわめてプライベートな情報なので、初対面の人に聞くなら丁寧に聞いた方がよい。「ご出身はどちらかお伺いしてもよろしいでしょうか？」のニュアンスで聞きたいのであれば May I ask where you are from? と聞くといいだろう。

さて、相手から出身地を聞き出すセリフがわかったところで、出身地についてどう答えたらいいのか見てみよう。たとえば「私は、静岡は浜松の出身です」と答えたいのであれば次のように言えばいい。

I'm from Hamamatsu, Shizuoka.

「浜松で生まれました」というニュアンスを強く出したいのであれば次のように言うとよい。

I was born in Hamamatsu.

「生まれも育ちも浜松です」といったニュアンスで伝えたいのであれば次のように言うといいだろう。

I was born and raised in Hamamatsu.

出身地を聞くのも答えるのもいろんな言い方がある。

英文 18

I think it is right that I should be able to make decisions about my own body.

意訳

また、自分で自分の体のことについて判断を下すことも当たり前のことだとも思うのです。

(単語のチェック) make a decision「決定する」

解釈と訳のポイント

I should be able to make decisions about my own body の should be able to に注目してもらいたい。12 で見たように、「できた」は「できた」でも、能力を問題にするときは could を使い、1 回だけの動作を問題にするときは was/were able to を使う。このように、be able to が使われる望ましい環境というものがあるが、ほかにもまだある。

英語では助動詞を連続して使うことができない。よって、I shall can ということが

できなければ、I should can ということもできない。でも、どうしても I should can で伝えたい内容をいいたいときはどうすればいいだろうか。can を be able to にするのである。そこで本文でも I should be able to という表現が使われているのである。

be able to を使わなければならない状況というのはほかにもある。to 不定詞と完了形の have/had の後ろで使うときだ。経験から気づいているかと思うが、英語では、to be able to はいいが to can はダメで、have/had been able to はいいが have/had could はダメである。to 不定詞と完了形の have/had の後ろでは、使うにしても、can ではなく be able to を使わないといけないのだ。

なお、本文の I should be able to make decisions about my own body であるが、should が使われていることからわかるように、過去や今のことではなく未来のことを問題にしている。つまり、未来における可能性について触れられている。このように、未来のことを踏まえて be able to が使われると、主語の能力が問題にされるよりは、むしろ、「状況的に考えてそうなるよね」といったニュアンスの文になる。

次の文を見てみよう（『英語の法助動詞』（開拓社）を参照）。

He will be able to run a mile in four minutes next year.

ここでは will が使われているので未来のことを踏まえて書かれているのがわかる。さて、この文であるが、どういった意味であろうか。「彼の走る能力がアップして来年は１マイル４分で走れるようになっている」という意味はもちろんのこと、「（道路状況やランニングシューズの性能アップなど）状況的に考えて、彼は１マイル４分で来年は走れるようになっているだろう」という「状況的に可能だ」という意味でもとれる。そして、この「状況的に可能だ」の意味のほうがとりやすいのである。

本文も、この１マイル４分の例文と同じように、「諸々の状況を考えれば、自分の体のことは自分で決断を下せるのは当然よね」といったニュアンスの文になっている。

助動詞の解釈は難しい。助動詞の扱いの難しさがわかるようになったらあなたも英語中級レベルをようやく卒業といったところだ。

I should be able to make decisions about my own body の my own body であるが、own は所有格の直後で使われ、所有の意味合いを強調する。よって、my body より my own body のほうが「この体は私のものなのよ！どうしようと私の勝手でしょ！」といった所有のニュアンスが強くなっている。同じことが This is my own guitar にもいえる。これは「友人から借りたギターじゃなくてオレのギターなんだから！」といった感じの文になっている。We have our own troubles にしても「オレたちにはそれぞれ自分たちだけにしかわからないゴタゴタがあるよな。人の数だけ問題ってあるよな」といったニュアンスの文になっている。own が入った文を見かけたら、所有のニュアンスを深く、そして強く読みとってやるようにしよう。なお、本文であるが、エマは中絶を念頭において語っているものと思われる。

Hatakeyama's Comments

エマが 12 年間にわたって出演してきた映画『ハリー・ポッター』は、魔法界の学校生活と冒険を描いたシリーズものの映画である。原作はイギリスの児童書で作者は J.K. ローリング。第 1 作の『ハリー・ポッターと賢者の石』が公開されたとき、エマはまだ 11 歳だった。主人公ハリーには親友が 2 人いる。1 人が男友だちのロンで、もう 1 人が女友だちのハーマイオニー。そのハーマイオニーを演じていたのがエマである。エマが演じたハーマイオニーは、人間ではあるが魔法を使え、ホグワーツ魔法魔術学校への入学を許可されかなり頭がいい。でも、ちょっと性格に難がある。これが 12 年にわたってエマが演じてきたハーマイオニーである。

映画『ハリー・ポッターと賢者の石』公開時のエマたち（2000 年 8 月 24 日）［提供：ロイター／アフロ］

英文 19

> I think it is right that women be involved on my behalf in the policies and decision-making of my country.

意訳

自分のためにも、自国の政策や意思決定に女性が参加できるのは当然のことだと私は思います。

（**単語のチェック**）be involved in ~「~にかかわり合いをもっている」　on one's behalf「~のために」（例：He wept on my behalf.（彼は私のために泣いてくれた））　policy「政策」　decision-making「意思決定」「政策決定」

解釈と訳のポイント

it is right that women be involved on my behalf in the policies and decision-making of my country の involved on my behalf in the policies and ... に注目してもらいたい。「単語のチェック」で触れたように、be involved in ~ でひとつのかたまりをなし、on one's behalf は「~のために」を意味するイディオムである。

本文を見てわかるように、be involved in ~ というかたまりを壊すがごとく、イディオムの on my behalf がこのかたまりに割り込んできている。まさに on my behalf が be involved in ~ を「領空侵犯」している格好になっている。この領空侵犯が見破れない限り本文を正しく理解することはできない。

この手の領空侵犯はよく見られる。たとえば、シドニー・G・コレットのことばに次のようなものがあるが、

Look for a long time at what pleases you, and for a longer time at what pains you.
（楽しいことはたっぷりと眺め、苦しいことはもっと時間をかけて眺めるがよい）

ここでは look at というかたまりを壊す形で、前置詞句 for a long time と for a longer time が look と at の間に入り込んでいる。この手の領空侵犯にすぐ気づけるようになったら英語初心者も卒業である。

ところで、なぜ領空侵犯が許されるのであろうか。上のシドニー・G・コレットの例

49

で使われている look at をもとにざっくりと解説してみたい。

まず look at ~ であるが、これは look + [at ~] の構造になっている。つまり、at は look とペアをなしているのではなく、その後の ~ とペアをなしている。look と at はワンセットになってはいないのだ。よって、look と at の間に何かモノを挟み込むことができる。すなわち、look at というかたまりを壊す形で領空侵犯できるのだ。

一方、look up ~（～を調べる）は、look at ~ とは異なり、up は ~ とペアをなさず look とペアをなす。つまり、look と up でワンセットになって [look up] ~ という形になっている。よって、look と up で 1 単語のようになっているので、look at のときとは異なり、look と up の間にモノを挟み込むことはできない。つまり、領空侵犯することができない。

ここまでのことを踏まえた上で、次の文を見てみよう（『日英対照 形容詞・副詞の意味と構文』（大修館書店）を参照）。

He went by by the house.

by が 2 つ連続しているが、1 つ目の by は went とセットになっているのに対して、2 つ目の by は the house とセットになっている。つまり、上の文は次のような構造をしていて、

He [went by] [by the house].

意訳すると「彼は家のそばを通り過ぎた」となる。

では、上の文に quickly（すばやく）を入れるとしたら、どこに入れたらいいだろうか。つまり「彼は家のそばをすばやく通り過ぎた」という意味の文にしようと思ったら、どこに quickly を入れたらいいだろうか。

もうおわかりかと思うが、次に示されるように、

He went by quickly by the house.

2 つの by の間である。ここなら何ら問題を生じさせることなく領空侵犯できるからだ。

上で見た He went by by the house（彼は家のそばを通り過ぎた）と同じようなタイプの文をいくつか紹介しよう。

The needle went through through the cloth.
（針が布を貫通した）

He ran up up the stairs.
（彼は階段を駆け上がった）

Go out out of my kingdom without any delay.
（直ちに私の王国から立ち去れ）

侵犯できる領空とできない領空がある。正しく侵犯するためにもこれはよく覚えておこう。

さて、本文の the policies and decision-making of my country は the policies of my country と the decision-making of my country を 1 つにまとめたものである。冠詞の the も前置詞句の of my country も、次に示されるように、policies と decision-making の両方を修飾している。

the $\left\{ \begin{array}{l} \text{polices} \\ \text{and} \\ \text{decsion-making} \end{array} \right\}$ of my country

つまり、等位接続詞の and は policies と decision-making の 2 つを結びつけている。このように 1 次元の文を 2 次元の図に「描き起こす」ことによって正しく英文を解釈することができるようになる。

なお、decision-making は N-Ving の形になっているが、この形は、基本、「N を V する」の意味で解釈される。つまり、N を V の目的語として解釈してやる。よって、本文の decision-making は「意思を決定する（こと）」と解釈できる。N-Ving は、本文の decision-making のように名詞として使うこともできれば、eye-catching costume（目を引くコスチューム）のように形容詞として使うこともできる。同じことが life-changing decision（人生を変えるほどの決断）にもいえる。09 でやった「α-Ven β」の型とペアで覚えておこう。

it is right that women be involved ... の部分であるが、ここはいわゆる仮定法現在の文になっている。ここで、ざっくりとではあるが、仮定法現在について見てみたい。

仮定法現在は、提案や要求、あるいは警告をするときに使う。本文も自分が正しいと思うことを提案し、その正しさを認めるよう要求している。また、現実が理想的なものになっていないことについて社会に対して警告を発しているともいえる。だからこそ、本文も仮定法現在で書かれ、従属節の動詞が原形で書かれているのである。

提案や要求を表す動詞には、ask や demand、そして request や desire や suggest などいろいろある。こういった動詞が従える従属節の動詞は、仮定法現在の要請により、原形で書かれる。では、なぜ従属節の動詞は原形で書かれるのであろうか。ヒントは主節の動詞にある。主節の動詞には、提案や要求、そして警告の意味合いをもつものがくる。つまり「〜したほうがいい」というニュアンスをもつ動詞がくる。よって従属節には、「should ＋原形の動詞」が現れることになる。

仮定法現在の文では、この「should ＋動詞の原形」の should がよく省略される。それで結果的に、仮定法現在では動詞の原形が使われることになる。このようなプロセスを経て仮定法現在の文ができていることもあり、従属節を否定するとなると、次に示すように、動詞の直前に not が現れることになる。省略された should を φ で表す。

My wife insisted that I φ not stay home after noon.
（午後は家にいないようにと女房にキツくいわれた）

一見すると「あれ、ヘンなところに not があるな……」と思われるかもしれないが、これには、上で見たように、種も仕掛けもあるのだ。

なお、仮定法現在であるが、次のパターンをとることもある。

It is 形容詞 that 主語 should 動詞の原形

上のパターンの「形容詞」には、desire や necessary、そして important や essential や imperative といったものが入る。つまり、提案や要求、そして警告を意味する形容詞が入る。これらの形容詞が入った例として、次のものをあげることができる。

It is necessary that the decision (should) be reconsidered.
（その決定は再考を要する）

本文の it is right that women be involved ... では、上のパターンの「形容詞」に right（当然だ）が入り、さらに従属節で should が省略されているのである。

仮定法現在ということばを知っていても意味がない。仮定法現在の本質を知らなければ意味がない。仮定法現在で動詞の原形が使われるのは、助動詞 should の省略が起きているからだ。そして助動詞 should の存在を保証しているのが、ほかならぬ、主節の動詞や形容詞の意味（提案や要求や警告）なのである。

英文 20

I think it is right that socially I am afforded the same respect as men.

意訳

社会的に私が、男性と同じだけの敬意を払われるのも当然のことだと思います。

(単語のチェック) afford「与える」（例：The big tree afforded us pleasant shad.（その大きな木のおかげで、私たちはいい感じの日陰を手に入れることができた）） respect「尊敬」「敬意」

本文は、19 と同様、it is right ではじまる文ではあるが、19 とは異なり、that 節が仮定法現在ではなく（つまり動詞が原形ではなく）直接法（つまり動詞が時制をともなった形）になっている。it is right that の後は、いったい、どういったときに仮定法現在になり、どういったときに直接法になるのだろうか。

it is right that は、17 から 20 までの 4 つの文すべてで使われている。それぞれの文にある it is right の部分を下付きの数字で表し、さらに that 節の動詞を太字で表して 17 から 20 までの文を続けて書くと、次のようになる。

I am from Britain and think (1)it is right that as a woman I **am** paid the same as my male counterparts. I think (2)it is right that I **should be** able to make decisions about my own body. I think (3)it is right that women **be** involved on my behalf in the policies and decision-making of my country. I think (4)it is right that socially I **am** afforded the same respect as men.

17 から 20 の太字部分を見るとわかるように、あるときは am のような直接法で書かれ、またあるときは should be の形で書かれ、そしてまたあるときは should が省略された be だけの形（つまり仮定法現在の形）で書かれている。

文法書を紐解くとわかるように、提案や要求、そして警告を表す動詞や形容詞は、その後ろに that 節をとるが、その that 節は次のような特徴をもっている。

① アメリカ英語では直接法は使われず仮定法現在が使われるが、should を使うことはあまりなく、もっぱら動詞の原形のみで使われる。

② イギリス英語では should を用いた仮定法現在も使われ、さらに（インフォーマルな口語では）直接法も使われる。

③ 動詞が be 動詞のときは、よく should が省略される。

エマはイギリス人である。よって②から、エマは、（1）と（4）に見られるように直接法を使うことがあれば、（2）のように should を用いた仮定法現在を使うこともある。さらに③から、（3）に見られるように、should を省略した be だけの形を使うこともある。まとめると次のようになる。

(i)　直接法：(1) と (4)

　　(1)<u>it is right</u> that as a woman I **am** paid the same as my male counterparts.

　　(4)<u>it is right</u> that socially I **am** afforded the same respect as men.

(ii)　仮定法現在：(2) と (3)

　　(2)<u>it is right</u> that I **should be** able to make decisions about my own body.

　　(3)<u>it is right</u> that women **be** involved on my behalf in the policies and deci-sion-making of my country.

ところで、(i) の直接法と (ii) の仮定法現在には何か違いがあるのだろうか。「ほとんどない」と紹介している文法書もあれば（『実例英文法』（オックスフォード大学出版局））、「ある」と紹介している文法書もある（『現代英文法総論』（開拓社））。

『現代英文法総論』によると、直接法のときは、that 節の内容がすでに起きている事実であるのに対し、仮定法現在のときは、that 節の内容がまだ起きてなく、もしかしたらこの先起きるかもしれないということを表している。

では、これらのことを踏まえた上で、あらためて、直接法が使われている (1) と (4) を、そして仮定法現在が使われている (2) と (3) をみてみよう。

エマは女優として成功し、男性と同じくらい給料をもらっている。これは事実である。だからこそ、(1) は直接法を使って（つまり am を使って）書かれているのである。

同じように、エマは女優として成功していることもあり、社会的に男性と同じくらいリスペクトされている。これは事実である。よって (4) は、(1) と同様に、直接法を使って（つまり am を使って）書かれている。

エマは、おそらく、まだ（中絶といった）自分の体のことについて何かしら決断を下すことを迫られたことはないかと思う（中絶については、18 の「豆知識」を参照）。でも、この先あるかもしれない。だからこそ (2) は、仮定法現在を使って（つまり should be を使って）書かれているのである。

いま現在、すべての女性が自国の政策にかかわれてはいない。でも、いつかそういった日がくるかもしれない。よって (3) は、(2) と同様に、仮定法現在を使って（つま

り should を省略した be だけを使って）書かれているのだ。

このように、it is right that が使われている 17 から 20 までの文は、すべて、計算された上で書かれているともいえる。英文の完全読解とは、このレベルの分析をして、はじめて、可能になるのである。

豆知識

socially I am afforded the same respect as men の socially の位置に注意してもらいたい。文頭は副詞のなかでも文副詞の定位置であり、通常、unfortunately や probably といったものが現れる。socially は文副詞ではなく動詞（句）を修飾する述部副詞である。よって、socially は本来文頭にくるべきものではない。本来だったら、次のように、am の後ろに現れるべきである。

I am socially afforded the same respect as men

では、なぜ socially をわざわざ文頭の位置にもってきているのだろうか。それは、socially を「話のネタ」として使いたいからだ。すなわち、「話のツカミ」として使いたいからだ。「社会的なレベルでの話なんだけど、私が男性と同じだけの……」や「社会的にね、私が男性と同じだけの……」といった感じの文にしたく、それであえて socially を文頭にもってきているのだ。文頭は、文副詞や主語の位置だけでなく、「話のネタ」を提供する「話のツカミ」の位置でもあるのだ。

本文は the same ... as ~ の同等比較構文である。よって、17 と同じように、as ~ で省略が起きている。省略される前の文は次のようなものである。

socially I am afforded the same respect as men are afforded

文末にある are afforded が省略されてできたもの、それが次の本文である。省略された部分を φ で表す。

socially I am afforded the same respect as men φ

ただ、厳密にいうと、省略される前の文は、あえて書くと、次のようなも

のになる。

socially I am afforded the same respect as men are afforded a certain degree of respect

というのも、ここでは「リスペクトの度合い」が同じであって「リスペクトの内容」が同じではないからだ。

目に見える単語1つ1つの意味と働きを考え、何か欠けているものがないかチェックする。そして足りないものがあったら補完する。そうやって足りないピースを当てはめながら文全体の意味を構築していくのである。英文解釈とはジグソーパズルを完成させるのと同じである。

本文にある名詞 respect であるが、最近では日本語でも「リスペクト」ということばが普通に使われる。たとえば「ホリエモンをリスペクトしている」とか「先輩のこと、マジでリスペクトしていますよ！」といった感じでよく使われる。でも、この日本語の「リスペクト」は本文で使われている respect と意味が同じであろうか。

respect には2つの意味がある。1つは次のものである。

to feel or show admiration for someone or something that you believe has good ideas or qualities (Cambridge English Dictionary)

この定義からわかるように、respect には「称賛する」や「感心する」の意味がある。日本語の「リスペクトする」はまさにこの意味で使われている。

respect にはもう1つ意味がある。次のものである。

the belief that something or someone is important and should not be harmed, treated rudely etc (Longman Dictionary of Contemporary English)

この定義からわかるように、respect には「尊重する」や「敬意を払う」の意味がある。本文の respect はこの意味で使われている。

日本語に「リスペクトする」ということばがあるからといって、本文を訳すのに「リスペクトする」ということばを使ってしまうと、エマの言わんとしていることから大きくズレてしまう。

日本語の「リスペクトする」のように、本来ある意味の片方だけが日本で流通してしまっているものがほかにもある。たとえば、「ルール」は「規則」の意味でよく使われるが、「支配」の意味で使われることはまずない。また「タフ」にしても、「体力的に強い」の意味で使われることはあっても、「難しい」や「（肉が）硬い」の意味で使われることはほとんどない（『カタカナで覚える「超効率」英単語』（PHP 研究所）を参照）。

なお、若者ことばに「ディスる」があるが、これは disrespect からきたことばである。接頭辞の dis- のみを使ってできている。語形成の点からしても非常に面白い表現である。

英文 21

But sadly I can say that there is no one country in the world where all women can expect to receive these rights.

意訳

でも、悲しいことに、そういった権利がすべての女性に与えられている国なんて、この地球上には 1 つたりともありません。

（単語のチェック） sadly「悲しいことに」「残念ながら」 receive「受けとる」

解釈と訳のポイント

there is no one country in the world であるが、ここは one をとって there is no country in the world としても意味的には何ら変わりはない。しかし、one をつけて本文のようにすると、ただたんにないというのではなく「1 つたりともない」となり、ないことが強調される。間違ってもここは「1 つの国だけでなくたくさんの国」と解釈してはいけない。

18-20 では繰り返し it is right という表現が使われていた。そこでの right は形容詞で「当然だ」という意味である。一方、本文の all women can expect to receive these rights の these rights の rights は名詞で「権利」を意味する。

there is no one country in the world where all women can expect to receive these rights の where は関係副詞で先行詞は one country である。つまり、関係副詞節の where all women can expect to receive these rights はもともと one country の直後にあり、次に示されるように、それが文末まで移動されてできたものが本文なのである。関係副詞節がもともとあったところに下線を引いている。

there is no one country ＿＿＿ in the world [where all women can expect to receive these rights]

この文末への関係副詞節の移動は、もちろん、文末焦点の原理によるものである。つまり、当該の関係副詞節にスポットライトを当てたくてわざわざ文末にまで移動させているのだ。文末焦点について 02, 09 を参照。

なお、上のもともとの文からわかるように、ここでは関係副詞の where は制限用法で使われている。つまり、where 以下が one country を限定する形で使われている。だからこそ意訳では、「こういった権利がすべての女性に与えられている」が「国」を限定的に修飾する形で「こういった権利がすべての女性に与えられている国」となっている。

もちろん、関係副詞の where には非制限的な用法もある。固有名詞は唯一無二のものである。何かに制限されることもなければ何かに限定されることもない。よって、場所を意味する固有名詞を関係副詞の where で修飾するときは、非制限的に修飾することになる。たとえば、次の文では、

Shibuya, where you can see the large intersection in front of the station's Hachiko Exit, is visited by a great number of tourists every day.

（渋谷には、渋谷駅ハチ公前に大きな交差点があるが、毎日とても多くの観光客が訪れる）

Shibuya が where you can see the large intersection in front of the station's Hachiko Exit によって非制限的に修飾されている。つまり where 節が、Shibuya に対して補足説明を与える形で、さらに Shibuya を何ら制限ならびに限定することもなく修飾している。

英文 22

No country in the world can yet say they have achieved gender equality.

意訳 ────────────────────────────

ジェンダー平等が達成できている国は、この地球上には、今なお、どこにも見つけることができないのです。

単語のチェック achieve「（困難な目的などを努力して）達成する」「事を成し遂げる」

解釈と訳のポイント

No country の No は形の上では country を修飾しているが、意味的には can を修飾している。だからこそ意訳でも、「どこにも見つけることができない」というように動詞（というか文全体）を否定している。このように、英語では、否定されている部分が見た目とズレていることがあるので要注意だ。

英語は、日本語とは異なり、動詞を直接否定しないで主語や目的語といった名詞を否定することで間接的に動詞を、そして文全体を否定する。次の文を見てみよう。

I have no money.
（俺は金欠だ）

否定語 no が形の上では名詞 money を修飾しているが、意味的には動詞 have を修

飾している。よって解釈するときは、「もっていない」と動詞（ないし文全体）を否定する形で訳してやる。

さらに、本文と似ている次の文を見てみよう。

No one loves me …
（誰も私を愛してくれないの……）

否定語 No が形の上では名詞 one を修飾しているが、意味的には動詞 loves を修飾している。よって解釈するときは、「愛してくれない」と動詞（ないし文全体）を否定する形で訳してやる。

最後にもう1つだけ例を見てみよう。

I found Sarah nowhere.
（サラをどこにも見つけることができなかった）

接頭辞 no- が形の上では名詞（の一部である）where を修飾しているが、意味的には動詞 found を修飾している。よって解釈するときは、「見つけることができなかった」と動詞（ないし文全体）を否定する形で訳してやる。

英語は、日本語とは違い、否定の仕方が違う。この違いを理解した上で英文を読まないと、英文を正しく理解することはできない。

豆知識

　　本文の主語 No country in the world は無生物である。その無生物である主語が、本来なら人しかとらない動詞「言う (say)」をとっている。このことからわかるように、この主語は人扱いされていて、この文はいわゆる擬人化された文になっている。

さて、擬人化の文であるが、非常に生き生き（というか活き活き）としている。きかんしゃトーマスやスポンジボブ、そしてファインディング・ニモを観ているかのようなワクワクした文である。たとえば、次の擬人化の文にしても、

Opportunity dances with those already on the dance floor.
（チャンスはすでに準備ができている人に訪れる）

これは H・ジャクソン・ブラウン Jr（アメリカの作家）のことばであるが、顔や手足をもった「チャンスくん」がダンスしているのが目に浮かぶ。

次の擬人化の文にしても、

When the pin is pulled, Mr. Grenade is not our friend.
（信管を抜いたら、手榴弾氏はもはや我々の友ではない）

これはアメリカ陸軍の訓練教則から引用したものであるが、信管を抜かれた手榴弾が睨みを利かせてこちらを見ている様子が目に見える。

もう 1 つだけ擬人化の文を紹介する。

Information wants to be free.
（情報は自由であることを欲する）

これはスチュアート・ブランド（雑誌『The Whole Earth Catalogue』の編集者）のことばであるが、あたかも情報に人格があるかのようである。

擬人化の文を見て、主語のモノに目鼻や手足が見えてきたのであれば、あなたも英語初心者をそろそろ卒業といったところだ。

英文 23

These rights I consider to be human rights but I am one of the lucky ones.

意訳 ────

これらの権利を私は人権だと考えていますが、私は女性の中でも恵まれた1人です。

解釈と訳のポイント

These rights I consider to be human rights の文頭にある These rights であるが、これはもともと consider の後ろにあった。つまり、次の文をベースにしてつくられたものが、

I consider these rights to be human rights

次の本文である。

These rights I consider to be human rights

なぜ、consider の後ろにあった these rights をわざわざ文頭にもってきているのであろうか。この問題について考えるにあたり、次の文を使って、強調構文と比較しながら考えてみたい。

I bought this vintage guitar at that guitar shop.

この文の at that guitar shop を強調して「ほかならぬあの店でこのビンテージギターを買ったんだ」というニュアンスの文にしたいのであれば、次のようにすればよい。

It is at that guitar shop that I bought this vintage guitar.

では、「あそこのギターショップといえば、そこでこのビンテージギターを買ったんだよ」とか「あそこのギターショップでなんだけど、オレ、このビンテージギター買ったんだ」のように、at that guitar shop を「話のツカミ」というか「話のネタ」として使いたいときはどうしたらいいであろうか。次のようにいうといい。

At that guitar shop, I bought this vintage guitar.

つまり、「話のツカミ」として使いたいものをあえて文頭にもってくるのだ。

本文の These rights I consider to be human rights にある These rights も、「話のツカミ」として使うためにわざわざ文頭にもってきているのである。

21 の次の文で、

But sadly I can say that there is no one country in the world where all women can expect to receive these rights.

these rights に触れたこともあり、その these rights を「話のネタ」ならびに「話のツカミ」として本文で使いたく、それでわざわざ these rights を文頭にもってきているのだ。

なお、本文の These rights の後ろにコンマを入れて次のようにするとなおよい。

These rights, I consider to be human rights

なんとなく意味がわかってしまう本文も、ここまで文法を駆使して考えると、「なんとなくわかる」から「完璧にわかる」レベルにまでもっていけるのである。文法知識、侮るなかれ。

「話のツカミ」や「話のネタ」については 20 も参照。

豆知識

I am one of the lucky ones には 2 つの one がある。1 つ目の one は「1 人」の意味で使われている。では、2 つ目の one はどういった意味で使われているのであろうか。These rights I consider to be human rights に human があるので「人間」の意味で使われているように思われる。そう考えた場合、I am one of the lucky ones は「私は恵まれた人間の 1 人です」と訳されるが、これはこれで十分意味が通る。でも、I am one of the lucky ones の ones は、おそらく、「女性」の意味で使われている。というのも、先行する文でもそうだが、とくにこの後に続く 24 以下の文では、（人間の権利ではなくとくに）女性の権利について熱く語られているからだ。

ところで、These rights I consider to be human rights では 2 つ目の rights が ones になっていない。つまり、本文は These rights I consider to be human ones となってもいいはずなのにそうはなっていない。なぜだろうか。

このことについて考える前に、まず、次の文を見てもらいたい（『日英語代名詞の研究』（研究社）を参照）。

You don't need sulfur for drying apricots; sulfur ruins the flavor. （あんずを乾燥させるのに硫黄を使う必要はない。というのも、硫黄はあんずの風味を台無しにしてしまうからだ）

この文では硫黄の特性について述べられている。こういったときは、同じ単語であっても同じ語が繰り返し使われる。つまり、物なり人の特性について語られているときは、名詞を繰り返し使って代名詞を使わないのである。

では、このことを踏まえて本文の These rights I consider to be human rights について見てみよう。ここでは権利に焦点が当てられている。つまり、権利の特性というか権利の本質について語られている。だからこそ、ここでも、上の硫黄の文と同じように、代名詞を使わずに繰り返し rights が使われているのである。

英語は基本的に同じ語を繰り返し使わない。でも、時と場合によって基本からズレることがある。同じ単語を使うからといって常に代名詞が使われるわけではないのだ。

不定代名詞の one については 16 も参照。

英文 24

My life is a sheer privilege because my parents didn't love me less because I was born a daughter.

意訳 ───────────

私の人生は本当に恵まれています。というのも、女だからといって、私は、それで両親から注がれる愛情が少なかったということはなかったからです。

解釈と訳のポイント

理由の接続詞には、本文で使われている because のほかに since や as がある。

接続詞 since に後続する内容は、聞き手にとって馴染みのあるものでないといけない。つまり、理由の since 節には、聞き手にとって情報の重要度が低いものがくる。

「今はもう〜なんだから」というように「今」に重きを置くときは、次に示されるように、since ではなく now that を使う（『表現英文法』（コスモピア）を参照）。

Now that you have graduated, you must become more serious.
（お前はもう卒業したんだから、もうちょっと真剣にならんとな）

ここで now that でなく since を使うと緊張感というか緊迫感が薄れてしまう。

接続詞 as にはいろんな意味がある。そのようなこともあり、接続詞 as の理由の意味合いは強くない。なお、接続詞 as は、because や since に比べてフォーマルな意味合いが強い。

接続詞 because には、接続詞 as とは異なり、理由の意味しかないので理由の意味合いが非常に強い。しかも、接続詞 since とは異なり、because 節には、聞き手にとって馴染みがなく、情報の重要度の高いものがくる。

本文の 2 つの because 節は、どちらも、理由を述べるべくしてそこにある。しかも、because 節の内容は聞き手にとって既知のものではなく、それだけに情報の重要度が高い。ここでは、because が使われるべくして使われているのである。本文で since や as を使うと場違いになる。

このように、because 節は理由の意味合いが強く、しかも聞き手にとって重要な情報を担っていることもあり、文の焦点になりやすい。よって、次のように、

It was because I was sick that I was absent.
（気分が悪くて、それで欠席しました）

強調構文を使って because 節を強調することができる。逆に、理由の since 節や as

節は、理由の意味が弱く情報の重要度が低いので、強調構文を使って強調することができない。

接続詞の since も as も、そして because も、どれも理由を意味することができる。でも、「理由」の強さとそのニュアンスはそれぞれ違う。この「違い」により、あるものはある場所に現れることが許されるが、あるものはある場所に現れることが許されない。「違い」のわかる英語学習者になろう。理由の接続詞 because と since と as については、02 も参照。

豆知識

　本文に parents や daughter といった家族関係の表現が出てきたので、ここで簡単にではあるが、親族絡みの表現で役立つ知識をいくつか紹介しよう。

アメリカなどは、日本ほど年齢を気にしないこともあり、兄弟は brother で、姉妹は sister ですましてしまうことが多い。でも、どうしても兄と弟を、そして姉と妹を区別したいときは次のようにいう。

兄：big/older brother
弟：little/younger brother
姉：big/older sister
妹：little/younger sister

兄弟と姉妹をまとめて siblings というが、「兄弟姉妹はいるの？」は英語で次のようにいう。

Do you have any brothers or sisters?
Do you have any siblings?

祖父母や孫は、次に示すように、grand をつけていう。

祖父：grandfather, grandpa
祖母：grandmother, grandma
祖父母：grandparent(s)

孫：grandchild
孫息子：grandson
孫娘：granddaughter

ひいおじいちゃんやひいおばあちゃん、そしてひ孫は、次に示すように、great- をつけてやればよい。つまり「ひ」がついたら great- をつけてやればよいのだ。

曾祖父：great-grandfather
曾祖母：great-grandmother
ひ孫：great-grandchild
ひ孫息子：great-grandson
ひ孫娘：great-granddaughter

配偶者を spouse というが、「義理の」は、次に示すように、-in-law をつけて表す。

義理の父：father-in-law
義理の母：mother-in-law
義理の息子：son-in-law
義理の娘：daughter-in-law
義理の兄弟：brother-in-law
義理の姉妹：sister-in-law

最後に、父親や母親が再婚して家族が新たにできた場合は、次に示すように、step をつけてやるとよい。

継父：step father
継母：step mother
継子：step child（男の子は step son, 女の子は step daughter）

このように、家族を表すのにもちょっとした規則がある。

英文 25

My school did not limit me because I was a girl.

意訳 ─────────────────────────

私が女の子だからといって、それで私の通っていた学校が私に制限を課す
ということもありませんでした。

(単語のチェック) limit「制限する」

解釈と訳のポイント

本文の否定の単語 not は limit を修飾している。だからこそ、「制限を課さなかった」
と解釈できる。たしかに文脈を考えれば、not が limit を修飾する解釈しかない。で
も、本文だけを抜き出してこの 1 文だけを読んだら、「私に制限を課したのは私が女
の子だったからではない」と解釈することもできる。つまり、否定の単語 not が be-
cause 節を修飾する読みもできる。

not が右隣りの動詞ではなく少し離れた because 節も修飾できることについて見てみ
よう。

次の文を見てもらいたい。

Naoko didn't marry Yuji because he was rich.

この文は、普通に読めば、次のように解釈できる。

ユウジが金持ちだったから、それでナオコはユウジと結婚しなかった。

つまり、否定の単語 not が直後の動詞 marry を修飾している解釈である。金持ちと
結婚するとロクなことがない……そう思ってナオコはユウジと結婚するのをやめた
ということだ。

上の例文は、さらに、次のようにも解釈できる。

ナオコはユウジと結婚したが、それはユウジが金持ちだったからではない。

つまり、否定の単語 not がちょっと離れた because 節を修飾している解釈である。ナオコはユウジの人格なり才能に惚れて結婚したのであり、玉の輿を狙って結婚したのではないということである。

ナオコ＆ユウジ文が2つの意味にとれるように、次の本文も同じように、

My school did not limit me because I was a girl.

潜在的には2つの意味にとれる。どちらの意味でとるかは文脈をみて考えるしかない。

豆知識

limit は「制限を課す」という意味の単語であるが、似たような意味をもつ単語に restrain と restrict がある。これらの単語はどこがどう違うのだろうか。ざっくりとみてみることにしよう。

limit は「制限を設けること」を意味する。limit oneself to ~ で「（自分の行動の範囲を）〜に限る」の意味になることもあり、Mary limited herself to ten cigarettes a day.（メアリーはタバコを1日10本までとした）のような形でもよく使われる。上限であれ下限であれ、自分なり他人に制限を課すときに limit を使う。

restrain は「欲望や感情、そして行動などを抑えること」を意味する。つまり、体や心の奥底からフツフツと湧き上がってくるドロドロしたモノを抑え込むときに使う。よって、John restrained his anger with difficulty.（ジョンはなんとかして怒りが爆発するのを抑えた）は、「ここでキレたらダメだ。落ち着け、落ち着け」といった感じの文になっている。

最後、restrict であるが、これは「人の活動を禁止ないし制約すること」を意味し、restrain よりも制限する力が強い。よって、The law restricts immigration from Mexico.（法律によってメキシコからの移民は禁じられている）では「抑え込む」力が restrain よりも強い。なお、restrict はやや形式張った表現である（『英語類義語使い分け辞典』（研究社）を参照）。

英文 26

My mentors didn't assume I would go less far because I might give birth to a child one day.

意訳

私の指導者にしても、いずれ私が子どもを産むからといって、それで私の成長が頭打ちになるなんて考えることもありませんでした。

(単語のチェック) mentor「(恩) 師」「よき指導者」 give birth to ~「～を産む」(例：Nancy gave birth to a cute little baby. (ナンシーは可愛い赤ちゃんを産んだ))

解釈と訳のポイント

本文では「子どもを産む」の意味で give birth to ~ が使われているが、have a baby もよく使われる。また、give birth to ~ より have a baby のほうが日常的によく使われる。

「子どもが 2 人いる」の意味で I have two kids というが、「子どもを産む」の意味で have a baby も使える。たとえば、「妻が今朝、男の子を産んだ」なら My wife had a baby boy this morning. というし、「私は 29 歳のときに最初の子どもを産みました」なら I had my first baby when I was 29. という。

これから生まれるにしても、be going to を使うか have の進行形を使って、Mary is {going to have/having} a baby in June. (メアリーは 6 月に出産予定です) のようにいう。また、動詞 expect を使って Mary is expecting a baby in June. ということもできる。

なお、「産まれました」と報告するときは動詞 arrive を使い、Our new baby girl Miki arrived into the world on Sunday morning. (娘のミキが日曜日の朝に産まれました) や We are delighted to announce the arrival of our first child Taro. (太郎が生まれたことをここにご報告でき本当に嬉しく思います) のようにいう。

I might give birth to a child one day の one day に注目しても
らいたい。one day はよく「いつか」と訳されるが、someday も同じよ
うに「いつか」とよく訳される。だからといって、one day を someday
で自由に置き換えることができるかというと、できない。本文の one day
を someday で置き換えてしまうと、意味が変わってしまう。one day と
someday はどう意味が違うのだろうか。

one day は「いつか」は「いつか」でも、その「いつか」のために日々努
力をし、強い願望のもと、ある目標のために日夜トレーニングしたりする
ことが求められる。したがって、One day I will be a guitarist では、ギ
タリストになることを目指して、主語の I は日夜ギターの練習に励んでい
ると考えられる。

一方、someday は、「いつか」は「いつか」でも、one day とは違い、と
くに目標をもって何かをするわけでなければ、努力をするわけでもなく、
時間がたったら自然に「いつか」が訪れるのを意味する。したがって、
Someday I want to go to Cuba. だと、主語の I は、キューバに行くた
めに何か努力しているわけでもなく、「いつか機会があればキューバに行け
たらいいな〜」ぐらいの気持ちしかもっていない。

さて、本文の I might give birth to a child one day であるが、ここで
は someday でなく one day が使われている。よって、主語の I（つまり
エマ）に子どもを産むことに対する何かしらの意思が感じられる。国連で
スピーチをしている時点でエマが妊活や婚活をしているとは考えられない
が、「いつかは子どもを産みたい、そのためには恋愛をして……」というライ
フプランを既に立てていて、それであえて someday ではなく one day
を使っているのかもしれない。

HeForShe に賛同している男性は少なくない。たとえば、俳優のキーファー・サザーランド（テレビドラマ『24 TWENTY FOUR』のジャック・バウアー役）は HeForShe に強く賛同し、エマが国連でスピーチをしたとき会場に足を運んだほどである。同じく俳優のトム・ヒドルストンも HeForShe に賛同している。さらに、ミュージシャンで若手だと、ワン・ダイレクションのハリー・スタイルズも HeForShe に賛同している。

英文 **27**

These influencers were the gender equality ambassadors that made me who I am today.

意訳

こういった人たちはジェンダー平等の大使であり、こういった人たちのおかげで今の私があるのです。

（**単語のチェック**）influencer「影響を与える人」　ambassador「大使」「使節」

解釈と訳のポイント

本文の … that made me who I am today では使役の動詞 make が使われている。使役の動詞 make には、自分の意思とは別の力でこうなっちゃった……というニュアンスがある。あるいは、周りの状況や環境からなるべくしてこうなっちゃった……というニュアンスがある。いずれにせよ、自分でそうなるつもりはなかったけど、外圧的なものによってそうならざるをえなかった……という含意がある。

でも、エマは、いやいやフェミニストになったわけではない。つまり、無理やりフェミニストにさせられたわけではない。自分をフェミニストにしてくれたジェンダー平等の大使（gender equality ambassadors）に感謝こそすれ恨んではいない。

これらのことからわかるように、本文の make は、使役の動詞というよりは、「自然

の流れでなるようにしてなった」というニュアンスをもつ make として使われている。つまり本文の make は、「(ついつい) 笑っちゃった」の make me laugh の make や「(棚からぼた餅的に) 幸せになっちゃった」の make me happy の make に近い使われ方がされている。

本文の ... that made me who I am today の who は先行詞を含む関係代名詞である。先行詞を含む関係代名詞というと what があるが、who もある。たとえば、次の文にしても、

Children should be valued for who/what they are.
(子どもはあるがままの姿で尊重されてしかるべきだ)

who は、先行詞を含む関係代名詞 what と置き換え可能なことからわかるように、やはり、先行詞を含む関係代名詞として機能している。

さて、本文であるが、who を what にして次のようにいうこともできる。

... that made me what I am today

でも、これだと本文の ... that made me who I am today とニュアンスが違ってくる。どう違ってくるのだろうか。

英語ネイティブによると、what I am today だと、エマが女優として社会的に成功していることが前面に出た表現になるのに対し、who I am today だと、エマが1人のフェミニストとして今ここにあることが前面に出た表現になるようだ。

つまり、what I am today だと、社会的な地位や立場といったエマの外的なものにフォーカスが置かれた表現になるのに対して、who I am today だと、エマの人間性やパーソナリティといった内面的なものにフォーカスが置かれた表現になるのだ。

本文が what I am today ではなく who I am today となっていることからわかるように、本文は、ジェンダー平等の大使のおかげで、確固たる信条をもつ1人の女性として、今ここにエマ・ワトソンというフェミストあり！といった感じの文になっているのである。

These influencers were the gender equality ambassadors that ... の関係代名詞 that に注目してもらいたい。この関係代名詞 that の先行詞は the gender equality ambassadors（すなわち These influencers）であるが、the gender equality ambassadors（すなわち These influencers）は人である。通常、先行詞が人で、関係節の中で主語として機能するときは、関係代名詞は that ではなく who を使う。でも、ここでは who ではなく that が使われている。なぜだろうか。関係代名詞 that が好んで使われる環境についてみてみよう（『英文法解説』（金子書房）を参照）。

関係代名詞の that は、次に示されるように、先行詞に「唯一無二」を意味する修飾語があるときに使われる。

A parrot is the only animal that can imitate human speech.
（ヒトの言語をマネることができる動物はオウムだけだ）

関係代名詞の that は、次に示されるように、先行詞に「すべて」や「無」を意味する修飾語があるときにも使われる。

Nothing that I do pleases her.
（オレが何をやったってカノジョは喜んでくれない）

関係代名詞の that は、次に示されるように、疑問詞 who のすぐあとにくるときにも使われる。

Who that has pride in him can stand such an insult?
（プライドがあるのなら、誰だってそんな侮辱には耐えられないよ）

関係代名詞の that は、次に示されるように、先行詞に人だけでなく人以外のものが含まれるときにも使われる。

He spoke of the people and the things that he had seen during his tour.

（彼は、ツアーのときに出会った人たちだけでなく見聞きしたことについても語った）

本文の関係代名詞 that の先行詞 the gender equality ambassadors（すなわち These influencers）には、「唯一無二」の意味もなければ「すべて」や「無」の意味もない。また、関係代名詞 that の直前に疑問詞 who があるわけでもなければ、先行詞が人と人以外のものからなるわけでもない。

なぜ本文では関係代名詞の that が使われているのだろうか。関係代名詞 that が使われる環境には、実は、もう１つあるのだ。それが次のものである。

関係代名詞の that は、次に示されるように、先行詞が人の性質などを示すときに使われる。

Jane was treated like the child that she was in nature, not in years.
（実年齢がどうであれ、彼女は根が子どもっぽいところがあり、それでジェーンは子どものように扱われた）

本文の These influencers were the gender equality ambassadors that ... であるが、関係代名詞 that の先行詞 the gender equality ambassadors（すなわち These influencers）には、どんなタイプ（性質）の人がエマに影響を与えたのかが示されている。それで本文では、関係代名詞に that が使われているのである。

たかが関係代名詞の that ではあるが、いつどのようなときに that が使われるかは、なかなか奥深く、そして一筋縄ではいかない問題である。

英文 **28**

They may not know it, but they are the inadvertent feminists who are changing the world today. And we need more of those.

意訳 ─────────────────────────

彼らは気づいていないかもしれませんが、彼らは無自覚のフェミニストであり、そういった無自覚のフェミニストの人たちが今日の世界を変えていってくれています。そして、私たちはもっとフェミニストを必要としています。

（単語のチェック） inadvertent「不注意な」「うっかりやった」

解釈と訳のポイント

They may not know it の代名詞 it であるが、これは、直前の文 27 を指しているのではなく、その後に出てくる they are the inadvertent feminists who are changing the world today を指している。

このように、代名詞が後ろに出てくるものを指すことがある。たとえば、次の文にしても（2011 年 10 月号の *Scientific American* にあった記事 I've Got Your Back からの引用）、

Like the chimpanzees he would bond us with, Darwin recognized the utility of sharing rewards with others.
（ダーウィンは私たち人間とチンパンジーを結びつけようとしていたのだが、そのチンパンジーと同様に、ダーウィンは、仲間とご褒美を分け合うことのメリットをちゃんとわかっていたのである）

Like the chimpanzees he would bond us with にある代名詞 he は、その後に出てくる Darwin を指している。代名詞は前に出てくるものだけでなく後ろに出てくるものもさせる。代名詞が出てきたら、前と後ろの両方に注意を払うようにしよう。

2 つ目の文 And we need more of those に注目しよう。文末にある those であるが、

これは 1 つ目の文の the（inadvertent）feminists（who are changing the world today）の代わりとして使われている。格式ばった堅い表現ではあるが、those は、本文のように、先行する複数形の名詞を繰り返し使うのを避けるために使われることがある。

And we need more of those の動詞 need であるが、ここの need は require で置き換えることができる。ただ、置き換えた場合、意味的な違いはないものの、スタイル（文体）に違いが生じる。need はカジュアルな表現で堅さが感じられないが、require はフォーマルな表現で堅さが感じられる。本文で require を使ってしまうと、この 1 文だけがカタくなって周りから浮いてしまう。

豆知識

　　　　They may not know it の may は「～かもしれない」の意味で使われている。may をはじめとした助動詞には、本文のように、話し手の判断を表す用法がある。つまり、助動詞には、助動詞が本来もっている意味を表すだけでなく、話し手の判断を表す用法もあるのだ。代表的なものを下に紹介する。

助動詞	本来もっている意味	話し手の判断
can	可能（～できる）	許可（～してもよい）
will	意志（～するつもりだ）	推量（～だろう）
must	責任（～しなければならない）	必然性（～にちがいない）
should	助言（～したほうがいい） （08 参照）	蓋然性（～のはずだ）

助動詞がどちらの意味（というか用法）で使われているかは文脈などから総合的に判断して決めてやる。よって、次の文を見て、

You must be honest.

「どうせオレはウソつきだよ！」と怒る人もいれば、「ありがとう！」と喜ぶ人もいる。前者は must を「本来もっている意味」で解釈しているのに対し、後者は must を「話し手の判断」で解釈しているのである。

英文 **29**

And if you still hate the word—it is not the word that is important but the idea and the ambition behind it.

意訳

まだあなたが「フェミニスト」ということばを嫌っているのであれば……大事なのは「フェミニスト」ということばではなく、そのことばのもつ理念と、その背後にある志です。

(単語のチェック) idea「考え」「目的」 ambition「大望」「志」

解釈と訳のポイント

本文2つ目の次の文はいったいどうなっているのであろうか。

it is not the word that is important but the idea and the ambition behind it

答えを先にいってしまうと、上の文は、強調構文と not α but β (α でなく β) の2つが合わさった文である。

まず次の文を見てみよう。

Not the word but the idea and the ambition behind it are important.

この文の主語は Not the word but the idea and the ambition behind it で、not α but β の形になっている。not α の α に相当するのが the word で but β の β に相当するのが the idea and the ambition behind it である。the idea and the ambition behind it の and は、the idea と the ambition behind it を結びつけていて、behind it の it は the idea を指している。

上の文の主語 Not the word but the idea and the ambition behind it を強調構文の it is α that ... の α の部分に入れると次のようになる。

It is not the word but the idea and the ambition behind it that is important.

この強調構文の not the word の部分だけをさらにとりたてて強調すると（つまり、

強調のターゲットから but the idea and the ambition behind it を外すと）次のように
なる。なお、次の文では、not α but β の but β がもともとあったところを下線で
示し、文末に移動させられた but β の部分をカッコでくくっている。

It is not the word ＿＿＿ that is important [but the idea and the ambition behind it].

この文がほかならぬ本文の2つ目の文である。文法の知識を駆使すると、なんとな
く読めていた文が完璧に読めるようになる。

豆知識

　　　And if you still hate the word には「嫌い」を意味する単語 hate
があるが、hate はどの程度の嫌悪感を表しているのだろうか。hate と似
た意味をもつ単語と比べながら hate の「嫌い度」をみてみよう。

「嫌い」とは「好きでない」ということなので、「嫌い」は do not like で
表すことができる。ただし do not like は「マイルドな嫌い」を表し、「ど
ちらかというと嫌いかな……」といったニュアンスの表現である。

遠回しに「好きでない」と言わずにストレートに「嫌いだ」と言いたけれ
ば dislike を使うとよい。dislike には、do not like とは違い、嫌いさに
マイルド感がない。嫌いさがモロに出ている。露骨である。

同じことが not happy（幸せでない）と unhappy（不幸）にもいえる。
だからこそ、I'm not happy, but not unhappy.（私は幸せじゃないけど
不幸ではない）ということができる。

たんに嫌いなのではなく「すごく嫌い」や「大嫌い」を1語で表したいの
であれば hate を使うといい。hate には「憎しみ」のニュアンスがあるの
で、dislike とは違って、感情表現としては強い。言うまでもないが、「ヘ
イトスピーチ」の「ヘイト」は hate のことである。

軽蔑のニュアンスを込めて「吐き気がするほど嫌い」を意味するものに
detest がある。また、detest に近い語として abominate があるが、
abominate には軽蔑を通り越して「忌み嫌う」レベルの憎悪感がある。同

じく「同じ空気を吸いたくないぐらい大嫌い」を意味するものに loathe がある。

形容詞になるが、「不快」や「不愉快」といった「嫌さ」を表すものに unpleasant がある。また、detest や abominate ぐらい「反吐が出るほど大嫌い」なことを表すのに disgusting がある。最大級の嫌悪感を表したいときに使うといいだろう。

英文 30

Because not all women have been afforded the same rights that I have.

意訳 ─────────

なぜならば、私が手にしている権利と同じものを、すべての女性が手にできているわけではないからです。

単語のチェック afford「与える」

解釈と訳のポイント

本文は、次の文を受け身にした文である（主語の they は「権利を与えている人や組織」を表している）。

Because they have afforded [not all men] [the same rights that I have].

さて、本文の意訳「すべての女性が手にできているわけではない」を見ればわかるように、本文は部分否定の文である。つまり、「必ずしも～ではない」や「全部が全部～というわけではない」といったふうに解釈しなければならない。

本文では、not の次に「すべて」を意味する all がきている。このように「not →すべてを意味する語」の順番だと部分否定の意味になる。逆に、「すべてを意味する語→ not」の順番だと、部分否定の意味のほかに全否定の意味もある。

次の 2 つの文を見比べてみよう。

I don't really like her.
I really don't like her.

1 つ目の文は「not →すべてを意味する語」の順番なので部分否定の意味しかない（really に「すべて」のニュアンスがあることに注意）。よって「必ずしも好きというわけではない」つまり「あまり好きではない」という意味になる。一方、2 つ目の文は「すべてを意味する語→ not」の順番なので部分否定の意味だけでなく全否定の意味もある。よって、部分否定の意味だけでなく、「好きなところが 1 つもない」つまり「大嫌い」の全否定の意味もある。

really と同じく、always や necessarily にもまた、「すべて」のニュアンスがある。よって、次の文では「not →すべてを意味する語」の順番になっているので、

Yuji is not always honest.
Cute boys aren't necessarily very interesting to talk to.

部分否定の文になり、1 つ目の文は「ユウジはいつも正直だとは限らない（ウソをつくときもある）」という解釈になり、2 つ目の文は「イケメンだからといって必ずしも話がおもしろいわけではない」という解釈になる。

否定の語 not の前に「すべて」を意味する語がくるかこないかで、部分否定だけの意味になるか全否定の意味も出るかが決まる。

豆知識　　本文を見て違和感を感じた人がいるかと思う。その違和感の出処というか原因について考えてみよう。

次の文を見てもらいたい。

"I have to go to the convenient store. Because I have nothing to eat."
（「コンビニにいかないと。だって食べるもの何もないから」）

1つ目の文は問題ないとして、2つ目の文に何かしら違和感を感じたかと思う。2つ目の文を下に繰り返す。

Because I have nothing to eat.

because は接続詞である。よって because 節は従属節であり、主節とセットで使わないといけない。つまり、上の文のように、because 節だけでは大事な主節が欠けていて「物足りなさ」を感じてしまう。これが本文ならびに上の文に感じられた違和感である。本来なら上で見た次の文は、

"I have to go to the convenient store. Because I have nothing to eat."

次のように書くべきである。

"I have to go to the convenient store because I have nothing to eat."

ただ、口語というか会話では、次の例に見られるように、because 節だけでも普通に使われる。

A: Why did Taro leave?（なんでタロウは出かけたの？）
B: Because Yuji came.（ユウジがきたからさ）

本文はこのような使い方がされているといえなくもない。でも、スピーチは口語の1つだといえども、さすがにスピーチを会話のようには扱えない。本文 30 と前文 29 で 1 文だと考え、本文 30 は前文 29 の根拠を表している従属節だと分析するのがここではベストであり妥当であろう。

英文 **31**

In fact, statistically, very few have been.

意訳

実際のところ、統計学的にみても、ほんのわずかな女性しか私が手にしている権利を手にできていないのです。

解釈と訳のポイント

本文の主語 very few は 30 の not all women を受けている。つまり「すべての女性というわけではない」とは「ほんのわずかな女性」のことだといっているのである。よって、主語の very few は very few women を簡略化した表現だといえる。一方、述部の have been は、30 の内容を踏まえると、そのあとに afforded the same rights that I have が省略されていると考えられる。すなわち、本文を完全な形に復元すると次のようになる。

In fact, statistically, very few women have been afforded the same rights that I have.

完全な解釈は完全な文に復元してはじめて可能となる。

豆知識

　　　意訳では、文頭の In fact を、よくあるように、「実際のところ」と訳しているが、「それどころか」と訳してもいいし、「はっきり言うと」と訳してもいい。

in fact は、情報をさらに付け加えるときに使われる。そのときは「それどころか」と訳せる。in fact は、また、すでに述べられたことを強調するときにも使え、そのときは「はっきり言うと」と訳せる。

本文の in fact は、さらなる情報を付け加えるために使われているともいえば、前言の 30 を強調するために使われているともいえる。どちらの

可能性もある。そこで意訳では、中立的な訳をとって「実際のところ」としている。

> **Hatakeyama's Comments**

女性であることを理由に、また一部の民族や人種に所属していることを理由に、さらにはある特定の出自を理由に差別されることがある。こういった差別をなくしていこうという運動ならびに改善措置をアファーマティブ・アクション（affirmative action）という。「積極的格差是正措置」と訳されるが、日本ではとくに、女性に対する積極的改善措置をポジティブ・アクション（positive action）とよんでいる。厚生労働省が中心となり、女性の活躍や男女格差解消を推し進めているが、これはまさにポジティブ・アクションによるものである。

英文 32

In 1995, Hilary Clinton made a famous speech in Beijing about women's rights.

意訳

1995 年にヒラリー・クリントンが女性の権利について北京で有名な演説をされました。

（単語のチェック）Hilary Clinton「アメリカの政治家であり弁護士、第 42 代アメリカ合衆国大統領ビル・クリントンの妻」 Beijing「北京」

本文の文末にある前置詞句 about women's rights は、直前にある (in) Beijing を修飾しているのではなく、ちょっと離れた (made) a famous speech を修飾している。本文は「女性の権利に関する有名なスピーチをした」という意味の文であって、間違っても「女性の権利に関する北京で」という意味の文ではない。

女性の権利に関するレポート講演会でのヒラリー・クリントンとブムズィレ・ムランボ＝ヌクカ（2014年5月14日）[提供：AP/アフロ]

このことからわかるように、本文はもともと次のような文であった。

In 1995, Hilary Clinton made a famous speech about women's rights in Beijing.

つまり、上の文の前置詞句 about women's rights を文末にもってきたのが本文である。前置詞句 about women's rights がもともとあった場所を下線にして、文末に移動させられた前置詞句 about women's rights をカッコで括ると次のようになる。

In 1995, Hilary Clinton made a famous speech ＿＿＿ in Beijing [about women's rights].

なぜ、前置詞句 about women's rights をわざわざ文末に移動させているのだろうか。

英語には「文末焦点の原理」とよべる次のような規則というか原理がある（02, 09, 21 も参照）。

英語では、文末に文の焦点となるものがくる。

つまり、英語という言語では、文末にスポットライトが当てられるのである。一番伝えたいもの（すなわち、聞き手に一番わかってもらいたいこと）を文末に置く言語、それが英語である。

本文は、ヒラリー・クリントンが北京でスピーチしたことを伝えたい文ではなく、ヒラリー・クリントンが女性の権利についてスピーチしたことを伝えたい文である。つまり「女性の権利について」にスポットライトが当てられている文である。だからこそ、前置詞句 about women's rights をわざわざ文末にもってきているのだ。文末にもってこないと前置詞句 about women's rights にスポットライトを当てることができないのである。

ちょっとした英文法の知識を知っているだけで、エマのホンネと本心を、そしてエマの真意をしっかり掴みとることができるのである。

> **豆知識**
>
> Beijing は「北京」つまり「ペキン」のことであるが、中国で「ペキン」といっても通じない。「ベイジン」と発音しないと「北京」のことだとわかってもらえない。中国では「北京」は「ペキン」ではなく「ペイジン」と発音されるからだ。このことからわかるように、英語の Beijing は中国語の発音を忠実に文字にしたものといえるが、日本語の発音は中国語の発音とは似て非なるものとなっている。
>
> 同じようなことが中国語の人名にもいえる。たとえば、「毛沢東」は日本語では「モウタクトウ」と発音されるが、「モウタクトウ」といっても中国では通じない(仮に通じる人がいても、その人はたんに日本通だけであろう)。英語表記の Mao Tse-tung に倣って「マオ・ツートン」と発音しないと中国では通じない。つまり「毛沢東」のことだとわかってもらえない。
>
> 和製中国語ともよべるものが「ペキン」や「モウタクトウ」であり、これらのものは、和製英語がアメリカなどで通用しないように、中国では通用しない。和製英語は英語ではなく日本語であるように、和製中国語も中国語ではなく日本語である。

英文 **33**

Sadly many of the things she wanted to change are still a reality today.

意訳 ────────────────────────────

残念なことに、ヒラリーが変えようとしたことの多くが、今なお現実の問題として残っています。

(単語のチェック) reality「現実に存在するもの」

解釈と訳のポイント

文頭に Sadly があるが、これは、意訳の「残念なことに」からわかるように、話し手の判断を表している。このように、話し手の視点から、文全体に対してコメントを述べているものを「文副詞」というが、本文にもあるように、一般的には文頭に現れる。実際、次の例がダメであることからわかるように、文副詞は文末に現れることはできない。

×Many of the things she wanted to change are still a reality today sadly.

文頭には文副詞が現れるとして、では、文末にはどんな副詞が現れるのだろうか。次の２つの文を見てみよう。

×Completely John ate his potato chips.
○John ate his potato chips completely.

１つ目の文では、述部副詞（つまり述部を修飾する副詞）が文頭に現れていてダメである。一方２つ目の文では、述部副詞が文末に現れていてまったく問題がない。このことからわかるように、述部副詞は文末には現れることができるが、文頭には現れることができないのだ。

これまでの話をまとめると、原則、文副詞は文頭に現れ、述部副詞は文末に現れるのである。では、ここまでのことを踏まえた上で、次の文の意味を考えてみよう。

Rudely Hatakeyanma left the meeting rudely.

文頭にある Rudely は文副詞である。よって、文全体に対する話し手のコメントということで「失礼なことに」といった意味になる。一方、文末にある rudely は述部副詞なので「マナーに欠けたやり方で」といった意味になる。よって、上の文は「ハタケヤマは、失礼なことに、マナーに欠けたやり方で会議を中座した」といった意味になる。

副詞といえどもいろいろ種類があり、それぞれ定位置というものをもっているのだ。

豆知識

　　　本文では動詞 change が使われているが、同じような意味だからといって、change の代わりに alter を使うと文の意味合いが変わってしまう。「変える」を意味する change と alter について見てみよう。

change は、「変える」を意味するスタンダードな語である。change は、全体的な変化も部分的な変化も表すことができる。また、ちょっとした変化も劇的な変化も表すことができる。change は、どんな変化にも対応できる、非常に汎用性の高い単語である。

「全体的な変化」であることを明確にしたければ change ~ significantly といえばいいし、「部分的な変化」であることを明確にしたければ change a part of ~ といえばいい。また、「ちょっとした変化」であることを明確にしたければ change ~ slightly のようにいえばいいし、「劇的な変化」であることを明確にしたければ change ~ drastically といえばいい。

一方、alter は、change a part of ~ の意味しかない。つまり、alter は「部分的な変化」しか意味せず、まさに「一部変更」を意味する。よって、たとえば、服を「変える」文脈で alter を使うと服のサイズを変更ないし調整する意味で使われるのに対して（例：I had my pants altered for me.（ズボンを直してもらった））、change を使うと、普通、「着替えた」の意味で使われることになる。

本文で、同じ「変える」という意味だからといって、change の代わりに alter を使ってしまうと、ヒラリーが「部分的な変化」を求めていたことに

なってしまう。でも、ヒラリーは、真のフェミニズムを広げるためには、性に対する世間の考え方を一変させたいと思っていた。よって、本文でchange の代わりに alter を使ってしまうと、ヒラリーの意図に反したものになってしまう。

英文 34

But what stood out for me the most was that only 30 per cent of her audience were male.

意訳

しかし、とくに私にとって印象的だったのは、ヒラリーの演説の出席者のうち、男性はたった 3 割しかいなかったということです。

単語のチェック stand out「際立ってみえる」 per cent「パーセント」 audience「聴衆」

解釈と訳のポイント

本文の only 30 per cent of her audience were male にある名詞 audience に注目してもらいたい。audience は、committee や crowd、そして staff や team と同じように集合名詞である。集合名詞は、集合体を 1 つのもの（つまり 1 つのグループというか 1 つのかたまり）としてカウントすることができる。また、集合体を構成しているメンバー 1 つ 1 つをカウントすることもできる。それぞれの用法についてみてみよう。

まず、集合体を 1 つのものとしてカウントする用法であるが、次の例に示されるように、この場合、動詞は単数形になるし、不定冠詞の a(n) もつけることができる。集合名詞の audience が 1 つのものとみなされているからだ。つまり、単数のものとみなされているからだ。

There **was a** large audience in the club.
（ライヴハウスには大勢の人がいた）

次に、集合体の構成メンバー1つ1つをカウントする用法であるが、この場合は、次の例に示されるように、動詞は複数形になる。なぜならば、集合体を構成する複数のメンバーに目を向けているからだ。

The audience **were** growing excited.
（オーディエンスのテンションがどんどん高くなっていった）

集合名詞は、このように、形を変えずに単数扱いすることができれば複数扱いすることもできる。よって、次の例にあるように、動詞は単数形だけれども、集合名詞を受ける代名詞は複数形にすることができる。

The audience **was** so carried away by the guitarist's performance that **they** began to cheer.
（ギタリストの演奏に酔いしれてオーディエンスは大歓声を上げはじめた）

主語 The audience の動詞 was は単数形である。それに対して、so ~ that … 構文のthat 節の主語 they は、オーディエンスのメンバー1人1人に目が向けられているので、複数形になっている。集合名詞 The audience が単数と複数の二役をこなしているのがわかる。

ところで、many audiences はどういった意味になるだろうか。She played to many audiences all over the world last year は「彼女は昨年、世界のいたるところで、たくさんの観客の前で演奏した」と訳せる。でも、意味を汲んだ上で訳すと「彼女は昨年、世界中のいろんなライヴハウスで演奏した」となる。このことからわかるように、many audiences は「たくさんのライヴ会場」ぐらいの意味になる。一方、「観客がたくさんいる」の意味の「たくさんの観客」は、英語にすると、many people in the audience や many audience members となる。

さて、本文の audience であるが、これには不定冠詞の a がついていない。よって、単数扱いされているとはいえない。また、audience の直後にある動詞 were であるが、これは only 30 per cent of her audience の only 30 per cent を受けて複数形になっているだけである。よって、動詞が複数形の were であるからかといって、それで audience が複数扱いされているとはいえない。つまり、本文の audience は単数扱いされているとも複数扱いされているともいえない。そこで意訳では、「ヒラリー

の演説の出席者のうち」と訳し、あえて単数扱いにとれれば複数扱いにもとれるように
してある。

集合名詞があったら、それが1つの集合体として扱われているのか、それとも集合体
の個々のメンバーに目が向けられているのか、ちょっと立ち止まって考えてみよう。
このようなちょっとした解釈へのこだわりが正確かつ精確な読みへの第一歩となる。

豆知識

　　　what stood out for me the most was ... の the most に注目し
てもらいたい。ここの most は動詞句 stand out を修飾している。よって、
この most は副詞として機能している。副詞には、普通、定冠詞の the は
つかない。しかし、最上級の表現をはじめ、most や best といった副詞に
定冠詞の the がつくことがある。また、アメリカ英語ではよくつけられる。
いくつか例をみてみよう。

Tom can run the fastest in the athletic club.
（トムは陸上部で一番速く走れる）

Mom got up the earliest in my family.
（お母さんが家族で一番早く起きました）

John can play the guitar the best in his school.
（ジョンは学校で一番うまくギターが弾ける）

これらの「the＋副詞」に違和感を覚えるかもしれない。でも、これが生の
英語であるからこれに慣れるしかない。こういったものは理屈を抜きに慣
れてしまうのが一番だ。

英文 35

How can we affect change in the world when only half of it is invited or feel welcome to participate in the conversation?

意訳 ────────────────────

男と女の片方だけが会話に参加したところで、それでどうやって世界を変えていけるというのでしょうか。

────────────────

（単語のチェック） participate in ~「~に参加する」　conversation「会話」「対話」

解釈と訳のポイント

本文の後ろのほうで使われている participate in であるが、これを take part in にすると、会話に積極的に参加するニュアンスが強くなる。take part in ~ は、まさに、「役割（part）を担って（take）~に（in）参加する」といったイディオムであるからだ。また、participate in の代わりに join in を使っても、take part in を使ったときと同じように、会話に参加して積極的にジェンダー平等に協力していくといったニュアンスが強く出る。

豆知識

　　　only half of it is invited or ... の be 動詞が単数形の is になっていることに注意されたい。half of α で、α が単数形なら half of α は単数扱いになり、α が複数形なら half of α は複数扱いになる。本文の half of it の it は単数の代名詞であり、しかも it は単数の名詞句 the world を指している。よって、ここでは、only half of it は単数扱いとなり、be 動詞も単数形の is になっている。

「半分」を意味する half であるが、「30 分」を意味する half は意外と使い方が難しい。どんな使われ方をするのかざっくりとみておこう。「半分」は one half ないし a half という。でも、「30 分」は、a half hour とは普通いわず half an hour という。では「1 時間半」は何というだろうか。an hour and a half といい、an hour and half an hour といわなければ an hour and a half hour ともいわない。その一方で、「2時間半」は two and a half hours という。two hours and a half といわなければ two hours and half an hour ともいわない。なかなか一筋縄ではいかない half である。

ところで、なんで a half hour とはいわず half an hour というのだろうか。これは、どうも、英語の「強弱リズム」によるものらしい（『ネーミングの言語学』（開拓社）を参照）。a half hour だと「弱強強」のリズムになってリズミカルでない。一方、half an hour だと「強弱強」のリズムになってリズミカルである。リズムを尊重してまで語順を変えてしまうことが英語にはあるのだ。同じことが quite a good girl や such a good girl などの変則的な語順についてもいえる。

英文 36

Men―I would like to take this opportunity to extend your formal invitation.

意訳

男性の皆さん、この場を借りて皆さんを正式にご招待したいと思います。

（単語のチェック） extend an invitation「招待する」 formal「正式の」

解釈と訳のポイント

文頭にある Men であるが、意訳の「男性の皆さん」からわかるように、呼びかけのことばとしてここでは捉えている。ただ、この文頭にある Men であるが、これを to take this opportunity の意味上の主語として捉えることもできないこともない。つまり、本文はもともと次のような文だと考え、

I would like men to take this opportunity to extend your formal invitation.

次に示されるように、men を「話のツカミ」として使うために文頭にもってきたと考

えられないこともない（men がもともとあった場所を下線で示してある）。「話のツカミ」については 20 と 23 を参照。

Men—I would like ＿＿＿ to take this opportunity to extend your formal invitation.

この場合、男性がこの場を借りて自分自身を正式に招待するという意味になってしまい、完全に意味不明になってしまう。ここは、やはり、エマ（つまり主語の I）がこの場を借りて男性（つまり your formal invitation の your）を正式に招待すると考えるのがベストである。なお、ここで（同じく男性を指す your が使われている次の 37 でも）男性を指す your が使われていることからわかるように、エマはほかでもなく男性に対して呼びかけているのがわかる。

文法の知識を総動員して、可能な解釈をすべてピックアップし、そうした上で文脈などを総合的に考え、その中からベストな解釈を選んでいく。これが英文解釈の正攻法である。

> **豆知識**
>
> 本文で「機会」を意味する語として opportunity が使われているが、同じような意味だからといって、ここで opportunity の代わりに chance を使うと文のニュアンスが変わってきてしまう。
>
> chance は、棚からぼたもち的にゲットした機会を意味する。つまり、苦労して手に入れた機会ではなく、たまたま偶然手に入った好機を意味する。一方、opportunity には、そのような棚からぼた餅的な意味合いはあまりない。
>
> 本文の this opportunity とは、国連でスピーチをしている、まさに「その時」のことを意味している。エマが国連でスピーチできるようになったのはたまたまではない。エマが UN Women 親善大使になっていなかったら、そもそもエマは国連でスピーチはしていない。また、エマが UN Women 親善大使になれたのは偶然ではなく、日々のフェミニズムの活動が国連に認められたからだ。
>
> エマが国連でスピーチするようになったのは偶然ではなくある意味必然である。だからこそ本文では、opportunity という単語を使うべくして使っ

ている。

「男はこうあるべきだ」「女はかくあるべきだ」といった昔ながらの「男らしさ」
や「女らしさ」に頭が凝り固まっている人がいる。こういったステレオタイプ的
な男性像と女性像をもっている人をセクシスト（sexist）という。「女性は家で家
事をして男は外で金を稼いでくるべきだ」という考えをもっている人は典型的な
セクシストである。

英文 37

Gender equality is your issue too.

意訳

ジェンダー平等は男性皆さんの問題でもあるのです。

（単語のチェック） issue「問題」

解釈と訳のポイント

本文では「～もまた」の意味で too が使われている。「～もまた」の意味をもつ語句
で、文末でよく使われるものというと、too のほかに as well がある。しかも、too
と as well はともにカジュアルなニュアンスがある。したがって、本文は、意味や
ニュアンスをほとんど変えることなく、次のように言い換えることができる

Gender equality is your issue as well.

「～もまた」の意味で使える単語というと、too と as well 以外に also がある。also
は、too や as well とは異なり、通常、文末で使うことはない。be 動詞があるとき
は、be 動詞の直後で使う。よって本文は、also を使って次のように言い換えること
ができる。

Gender equality is also your issue.

ただし、too や as well とは異なり、also にはフォーマルなニュアンスがある。国連はフォーマルな場である。よって、本来なら too や as well でなく also を使うべきところである。エマは、おそらく、少しでも堅苦しい感じがしないように、それであえてカジュアルな表現である too を使ったのであろう。

なお、本文で「男性皆さんの問題でも」の「でも」を強調したいのであれば、次のように、

Gender equality is your issue, too.

too の前にコンマを入れてやるとよい。

さて、本文に似た次の文をみてみよう（『ロイヤル英文法』（旺文社）を参照）。

Betty makes cookies, too.

この文で Betty に強勢（ストレス）を置くと「（ナンシーやメグだけでなく）ベティもまた」の意味になる。一方、cookies に強勢を置くと「（肉じゃがや茶碗蒸しだけでなく）クッキーもまた」の意味になる。また、makes に強勢を置くと「（食べるだけでなく）つくりもする」の意味になる。

本文は「ジェンダー平等はあなたたち男性にとっても問題であるんです」という意味なので、too は your issue の your を修飾している。よって、本文の your に強勢が置かれて読まれていると予測されるが、実際、スピーチでエマは your を強めに発音している。

豆知識

　本文では「問題」の意味で issue が使われているが、この issue を problem で書き換えることもできる。でも、そうした場合、「問題」は「問題」でも「問題の中身」と「問題のシリアスさ」が変わってくる。

problem は「解決されるべき問題」をいい、放置しておくと後で大変なことになりかねない問題をいう。なんとしてでも何かしらの解決策を見出さ

ないとならない深刻な問題、それが problem である。たとえば、「ジョンはアルコール問題を抱えている」は John has a drinking problem というが、アルコール問題は解決すべき深刻な問題である。放置しておくと本人だけでなく周りの人も大変なことになる。

一方、issue は「議論されるべき問題」をいい、賛否両論ある問題をいう。議論を喚起して「ある問題」に関して意識をもってもらいたいときにも使う。よって、「トランプ大統領はアメリカの移民法を政治問題化した」は Donald Trump made a political issue out of the state's immigration law. という。政治問題は常に賛否両論ある。移民法を政治問題化することにより、移民法について国民の間に議論を巻き起こしたい — そんな思いがトランプ大統領にあったのだろう。

ジェンダー平等やフェミニズムの問題には賛否両論ある。また、これらの問題は、これから男性にももっと参加してもらい、国民の間で「議論されるべき問題」として認識してもらいたい問題である。そのような思いもあり、エマは issue ということばを使ったのであろう。

本文の issue を problem にして Gender equality is your problem too. とした場合、はたしてどんな意味合いの文になるだろうか。ジェンダー平等やフェミニズムの問題を放置しておくと、これから女も男も問わず、大変なことになりかねない。なんとかして解決策を見出さなくてはいけない。そんなメッセージを読み手に伝える文になる。

なお、issue は法律的ならびに社会的な問題や課題に対して使われる。ジェンダー平等は社会的な問題であり、現代人が取り組まなくてはならない課題でもある。本文では issue が使われるべくして使われているといえよう。

英文 38

Because to date, I've seen my father's role as a parent being valued less by society despite my needing his presence as a child as much as my mother's.

意訳 ────────────

なぜならば、今日に至るまで、私は、社会において、親としての父親の役割が母親の役割よりも軽んじられているのを見てきたからです。子どものとき私は、母親の存在と同じくらい父親の存在を求めていたにもかかわらずです。

単語のチェック to date「現在まで」（例：No news has reached us to date.（今日までのところ何のお知らせもありません）） value「尊重する」「大切にする」 despite ~「~にもかかわらず」in spite of ~ と同じ。ただ、despite ~ のほうが in spite of ~ よりもフォーマルで堅い表現である。

解釈と訳のポイント

本文の前半部分 I've seen my father's role as a parent being valued less by society に比較の表現 less がある。less は little の比較級であるから、比較の対象となるものを必要とする。これは、本来、than ~ で書かれるところだが、文脈から察してもらえるからということで本文では省略されている。あえて省略しているものを復活させるのは粋ではないが、100%解釈するにはこの作業は欠かせない。

では、どんな than ~ が省略されているのだろうか。than my mother's one（as a parent）である。もちろん one は role を指している。つまり、本文は、次の文の than my mother's one を省略したものである。

I've seen my father's role as a parent being valued less than my mother's one by society

省略されているものを1つ残らず復元させなければ完璧な解釈はできない。

本文の後半部分 despite my needing his presence as a child as much as my mother's の最後にある mother's でも省略が起きている。mother's の直後で何かが省略されているが、さて、何が省略されているのであろうか。presence である。つまり、本文は、次の文の文末にある presence が省略されたものである。

despite my needing his presence as a child as much as my mother's presence

なお、ここで my mother's presence の presence を one にして my mother's one とすることはできない。16 で見たように、代名詞の one は可算名詞の代わりにしか使えないからだ。つまり、presence のような不可算名詞の代わりには使えないからだ。

また、代名詞の one は、次の 2 つの対比からわかるように、

[○]My house is smaller than John's.
[×]My house is smaller than John's one.
（私の家はジョンの家より小さい）

所有格の後では使えない。よって本文では、my mother's の後ろには何も置かないか、置くにしても presence しか置けないのだ。

本文の前半部分に as a parent という表現があり、後半部分にも同じように as a child という表現がある。それぞれの意訳「親としての」と「子どものとき」を見てわかるように、これら 2 つは見た目は同じであるがはたらきがまったく違う。

as a parent の as は前置詞として機能していて「～として」と解釈され、as a child の as は接続詞として機能していて「～のとき」と解釈される。as a child は as I was a child がベースになってできた表現なのである。つまり、次の文のカッコの中が省略されたもの、それが本文の as a child である。

as (I was) a child

このように、時や条件、そして譲歩の副詞節では、よく、「主語 + be 動詞」が省略される。いくつか例を紹介しよう（『英文法解説』（金子書房）を参照）。

When (I was) a child I had a habit of blinking my eyes.
（子どものころ、僕は目をパチパチまばたきする癖がありました）

I often get good ideas while (I am) shaving.

（私は髭を剃っているときに、いいアイディアが思いつくことがよくあります）

They began to dance as if (they were) charmed by the music.

（音楽に魅せられたかのように彼らは踊りはじめた）

省略されているものがあったら、とにかく、何が省略されているのか考えるようにしよう。この作業を怠ると正確な読みはできない。

豆知識

　本文の後半部分 despite my needing his presence as a child as much as my mother's にある動名詞 needing に注目してもらいたい。この needing が使われている状況をもとに「動名詞とは何か」についてざっくりとみてみよう。

動名詞は動詞の特性を併せもっている名詞のことである。つまり、ベースは名詞だが、そこにオプションで動詞の機能も付け加えられている品詞である。名詞と動詞のハイブリッド型の品詞が動名詞なのである。

動名詞は名詞がベースであるから、名詞の基本的な特徴をもっている。たとえば、my などの所有格で修飾されることがあれば、前置詞の目的語になることもできる（前置詞の右隣には名詞相当の語句しかこられないことに注意）。

He came to the lesson despite his illness. のような例からわかるように、despite は前置詞であるからこそ、despite は、その目的語に、つまりその右隣に、名詞相当の語句をとることができる。

動名詞は名詞相当の語句である。よって、despite はその目的語として動名詞をとる。だからこそ本文では、my needing his presence ... という動名詞句が前置詞 despite の右隣にきている。なお、動名詞 needing に所有格の my がついているが、これはほかでもなく、needing が動名詞という名詞であるからだ。

my needing his presence ... の needing は動名詞である。動名詞は動詞の機能も併せもっている。動詞はダイレクトに名詞をとることができる。つまり、ダイレクトに目的語をとれる。だからこそ、本文でも、動名詞 needing がダイレクトに名詞句の his presence をとっているのだ（名詞はダイレクトに目的語をとれない。よって、the destruction of the city に見られるように、目的語の前に of のような前置詞を入れないといけない）。

英文法を知らなくても英語はそれなりに読むことができる。でも、英文法を知っていると、英文をより正確に、そしてより精確に、さらにはより深く読むことができるようになるのだ。

英文 **39**

I've seen young men suffering from mental illness unable to ask for help for fear it would make them look less "macho" — in fact in the UK suicide is the biggest killer of men between 20-49 years of age; eclipsing road accidents, cancer and coronary heart disease.

意訳

精神的に病んでいる若い男の人たちがいます。でも彼らは誰かに助けを求めることができません。そんなことをすると、自分が「男らしく」ないと思われてしまうからです。私は、これまで、そういった若い男の人たちを目にしてきました。実際、イギリスでは、20歳から49歳までの男性の死因のトップが自殺なのです。交通事故や癌、そして心疾患をしのいで1位なのです。

(**単語のチェック**) suffer from「病気にかかる」「患う」（例：He suffers from backache.（彼は腰痛を患っている）） mental「精神の」「心の」 illness「病気」 for fear (that) ~「～するといけないので」（例：She didn't tell me the truth for fear that I would be discouraged.（僕ががっか

りするといけないので彼女は僕に本当のことをいわなかった）） macho「男っぽい」 UK「英国」the United Kingdom の略。suicide「自殺」 killer「命取りとなるもの」 eclipse「（競争者を）しのぐ」 cancer「癌」 coronary「心臓の」「冠状動脈の」

解釈と訳のポイント

本文の次の前半部分であるが、

I've seen young men suffering from mental illness unable to ask for help for fear it would make them look less "macho"

一見すると「知覚動詞＋目的語＋現在分詞」の構文に見えるが、実は違う。上の文の構造についてみてみる前に、まずは、次の3つの文を見比べてみよう。

1. I found that she was unable to speak for fear of being hurt.
2. I found her to be unable to speak for fear of being hurt.
3. I found her unable to speak for fear of being hurt.
（彼女は傷つくことを恐れてしゃべれなかったのだとわかった）

1 では従属節が that 節になっていて、2 では従属節が to 不定詞節になっている。一方 3 は、2 の to be が省略された形になっている。

さて、本文であるが、実は上の 3 と同じタイプの文であるのだ。3 の her に相当するのが本文の young men suffering from mental illness で、3 の unable to speak に相当するのが本文の unable to ask for help である。そして、3 の for fear of being hurt に相当するのが本文の for fear it would make them look less "macho" である。なお、3 で for fear of being hurt が unable to speak を修飾しているように、本文でも for fear it would make them look less "macho" が unable to ask for help を修飾している。

つまり、本文の前半部分は、概略、次のような構造になっているのだ。

I've seen [[young men suffering from mental illness] [[unable to ask for help][for fear it would make them look less "macho"]]]

本文の前半部分はこのような構造になっているからこそ、意訳では次のように思い切った訳をしているのである。

精神的に病んでいる若い男の人たちがいます。でも彼らは誰かに助けを求めること
ができません。そんなことをすると、自分が「男らしく」ないと思われてしまうか
らです。私は、これまで、そういった若い男の人たちを目にしてきました。

精神を病んだ若い男たちは誰にも相談できず、それで、本文の後半部分にあるよう
に、その後、自ら命を絶ってしまっているのである。

本文の後半部分の in fact in the UK suicide is the biggest killer of men between
20-49 years of age; eclipsing road accidents, cancer and coronary heart disease の
セミコロン (;) はコンマ (,) でもいい。というのも、セミコロン以下は分詞構文であ
るからだ（現在分詞 eclipsing の意味上の主語は suicide である）。ここでは、eclips-
ing 以下の分詞構文を際立たせるために、あえて、コンマではなくセミコロンを使っ
ている。

豆知識

　　本文の suffering from mental illness で前置詞 from がついてい
ることに注目してもらいたい。動詞 suffer は、直後に名詞をとる他動詞用
法と、その後に前置詞句 from ~ をとる自動詞用法の 2 つの用法がある。

他動詞用法の suffer は、suffer death（死ぬ）や suffer loses（損害を被る）、
そして suffer martyrdom（殉教する）に示されるように、損害や敗北を
被ったり苦しみを経験したりするときに使う。その一方、自動詞用法の
suffer from ~ は、病気を患ったりしているときに使う。本文では、「精神
を病む」という「病気を患う」の意味で使われているので自動詞用法の
suffer from ~ が使われている。

なお、自動詞用法の suffer from ~ であるが、次の例に見られるように、
慢性的な病気を患っているときはたんなる現在形ないし過去形が使われる
のに対し、風邪にかかっていたり頭痛でつらい思いをしているときは進行
形が使われる。

John suffers from allergic rhinitis.
（ジョンはアレルギー性鼻炎だ）

My wife is now suffering from the flu.
（妻がインフルエンザだ）

本文の mental illness の illness であるが、illness は、sickness とは異なり、病気は病気でも長きにわたって苦しむ病気を意味する。また illness は精神的な病に対しても使われる。その一方、sickness は、短期間の病気に対して使われ、心の病に対しては使われない。よって本文では、使われるべくして sickness ではなく illness が使われているといえよう。

英文 40

I've seen men made fragile and insecure by a distorted sense of what constitutes male success.

意訳 ──────────────────────────────

男の成功とはかくあるべきだという歪んだ考えのせいで、男性はもろく、そして自信喪失状態になっているのをこれまで見てきました。

単語のチェック fragile「壊れやすい」「もろい」　insecure「自信がない」　distorted「歪んだ」

解釈と訳のポイント

本文も、39 と同様に、39 で見た次の文とタイプが同じである。

I found her unable to speak for fear of being hurt.

つまり上の文の her に相当するのが本文の men で、上の文の unable to speak に相当するのが本文の made fragile and insecure である。そして、上の文の for fear of being hurt に相当するのが本文の by a distorted sense of what constitutes male success である。また、上の文で for fear of being hurt が unable to speak を修飾しているように、本文でも by a distorted sense of what constitutes male success が made fragile and insecure を修飾している。

つまり、本文は、概略、次のような構造をしているのである。

I've seen [[men] [[made fragile and insecure] [by a distorted sense of what constitutes male success]]]

次の 39 の構造と比べてわかるように、

I've seen [[young men suffering from mental illness] [[unable to ask for help] [for fear it would make them look less "macho"]]]

本文と 39 は文の構図がまったく同じなのである。

エマは、おそらく、本文と 39 の構造を同じにすることよって、潜在的に、文のメッセージを読み手に印象付けさせているのであろう。

豆知識

　　fragile は「壊れやすい」や「もろい」といった意味であるが、さて、どう発音するかわかるだろうか。

Every Little Thing（日本の J-POP バンド）の曲に「fragile／JIRENMA」という曲があるが、それの日本語タイトルが「フラジール／ジレンマ」となっている。この日本語タイトルを見ると fragile を「フラジール」と読むものだと思ってしまうが、fragile は「フラジール」とは発音しない。「フラァジャル」と発音する。fragile は「フラジール」ではなく「フラァジャル」なのである。

ただ、今後、もしかしたら、fragile に対して「フラァジャル」と「フラジール」の 2 つの発音が定着し、それぞれが違う意味の語として認知される可能性がある。というのも、そのようなことがこれまでいくどとなくあったからだ。たとえば、「ラムネ」と「レモネード」はまったく意味の違う語であるが、ともに lemonade がもとになっている。同じように、「スティック（棒状のもの）」と「ステッキ（杖）」もまったく意味の違う語であるが、ともに stick がもとになっている。「ピンチ」と「ペンチ」にしても、それぞれぜんぜん意味の違う語であるが、ともに pinch がもとになっている。

詳しくは『英語の語源のはなし』（研究社）を参照。

英文 41

Men don't have the benefits of equality either.

意訳

男性もまた、ジェンダー平等の恩恵を受けていないのです。

単語のチェック benefit「利益」「恩恵」

解釈と訳のポイント

本文の意訳「男性もまた、ジェンダー平等の恩恵を受けていないのです」からわかるように、本文の equality の前に gender を補って解釈してやるとよい。

さて、本文の意訳「男性もまた、ジェンダー平等の恩恵を受けていないのです」を肯定文にして「男性もまた、ジェンダー平等の恩恵を受けているのです」とすると、その英訳はどうなるであろうか。次の3つのうちのどれかになる。

Men also have the benefits of equality.

Men, too, have the benefits of equality.

Men have the benefits of equality as well.

このことからわかるように、上の3つの文を否定したときに、also と too、そして as well が either に変わるのだ。either は also と too、そして as well の否定版なのである。too と as well、そして also については 37 も参照。

豆知識
benefit と似たようなことばに merit や advantage があるが、本文で使われている benefit の代わりに merit や advantage を使うことはできない。benefit は、merit や advantage と根本的なところで意味が違うからだ。では、どこがどう違うのだろうか。

merit は「価値」を問題にすることばである。「価値」という意味から「美点」や「利点」そして「長所」といった意味が出てくるが、ベースにある意味は「価値」である。merit には、これから見る advantage や benefit とは異なり、「利益」のニュアンスはない。

advantage は、ほかのものと比べたときに有利なところが見られ、そこに利益を見出すことができるときに使う。つまり、マウンティングできるだけの材料があるときに使われる。よく日本語で「○○より△△のほうがメリットがある」という言い方をするが、ここでの「メリット」は merit のことではなく advantage のことである。その意味では「メリット」は和製英語で「メリット」は merit ではない。

最後、benefit は、advantage と同じように、「利益」を問題にしている語ではある。しかし、advantage とは異なり、何かと比べて見つけられる「利益」ではなく、個人や集団の幸せにつながるような利益（すなわち恩恵）を問題にしている。

本文では、ジェンダー平等が実現すれば、男性にも恩恵（つまり利益）がもたらされると語られている。女性にもたらされる利益と比べてどうのこうのと論じているわけではない。また、ジェンダー平等の価値観や利点、それに美点が手に入れられるとかそういったことを語っているわけでもない。本文では、merit や advantage ではなく benefit が使われるべくして使われている。

英文 **42**

> We don't often talk about men being imprisoned by gender stereotypes but I can see that that they are and that when they are free, things will change for women as a natural consequence.
>
> ### 意訳
>
> 男性が性の固定観念に縛られていることについて語るのはそう多くありません。でも、私にはわかるのです。実際に男性が性の固定観念に縛られ、そしてそういった固定観念から男性が開放されるのであれば、その結果として、女性にも変化が訪れるということを。

(単語のチェック) imprison「投獄する」「閉じ込める」 stereotype「固定観念」「偏見」 free「(慣習などに)とらわれない」「自由な」 consequence「結果」「成り行き」 as a consequence で「その結果」

解釈と訳のポイント

but 以下の次の文を見てもらいたい。

… but I can see **that that** they are and that when they are free, things will change for women as a natural consequence

途中で that が 2 つ連続しているが、これはタイプミスではない。1 つ目の that が接続詞の that で、2 つ目の that は代名詞の that である。2 つ目の代名詞の that であるが、これは代名詞ということもあり、何かを指している。何を指しているのだろうか。この問題について考えるにあたって、まず、次の文の意味について考えてみよう（『英文法解説』（金子書房）を参照）。

Steve means well, — that's the best you can say for him.
（スティーブはいいヤツだ。でも、いいところといったらそれぐらいだよ）

意訳を見てわかるように、that's the best you can say for him の主語 that は Steve means well の means well（悪気がない）を指している。このことからわかるように、

that は動詞句（つまり述部）を指せる。すなわち、that は代名詞としての機能だけでなく代動詞句としての機能もあるのだ。

では、that が代動詞句の機能をもっていることがわかったところで、本文の次の部分を見てみよう。

… but I can see that that they are and that …

この部分は、もともと次のようなものであった（次の文に見られる imprisoned by gender stereotypes は、先行する文 We don't often talk about men being imprisoned by gender stereotypes の動詞句をコピペしたものである）。

… but I can see that they are imprisoned by gender stereotypes and that …

動詞句 imprisoned by gender stereotypes の部分を代動詞句の that で置き換えると次のようになる。

… but I can see that they are that and that …

この代動詞句の that を「話のツカミ」として文頭にもってくると次のようになる。文頭に移動した that をカッコで括り、それがもともとあった場所を下線で示してある。

I can see that [that] they are ＿＿＿ and that …

これが本文である。本文の … but I can see that that they are の 2 つ目の that は、実は、代名詞ではなく代動詞句であるのだ。「話のツカミ」のために語句を文頭にもってくることについては、20 と 23 を参照。

I can see that that they are and that … の they are の後ろにある and は等位接続詞の and であり、同じタイプのものを結びつけている（等位接続詞については 13 と 19 を参照）。ここでは、次に示されるように、that that they are と that when they are free, things will change for women as a natural consequence の 2 つの that 節を結びつけている。

$$I \text{ can see} \begin{cases} \text{that that they are} \\ \text{and} \\ \text{that when they are free, things will change for women as a natural} \\ \text{consequence} \end{cases}$$

なお、that 節が 2 つ等位接続詞で結びつけられているとき、1 つ目の that は通常省略できる。が、ここではできない。つまり、次のようにはできない。省略した接続詞の that を φ で表す。

… but I can see φ that they are and that when they are free, things will change for women as a natural consequence.

これだと they の直前の that が接続詞の that と捉えられてしまい、they are の補語がなくなってしまう。つまり、文として不完全なものだと判断されてしまう。

最後に、次の 2 つ目の that 節について見てみよう。

… and that when they are free, things will change for women as a natural consequence.

that 節が主節と従属節からなり、主節が things will change for women as a natural consequence で、従属節が when they are free である。従属節 when they are free の後に from gender stereotypes を補って解釈してやるといい。

豆知識

　　本文の but I can see that であるが、意訳では「でも、私にはわかるのです」となっている。このように、動詞 see は、目的語に that 節をとると、「わかる」や「理解する」、そして「了解する」といった意味になる。

次の 2 つの文を見てみよう（『＜英文法＞を考える』（筑摩書房）を参照）。

I saw him dead.
I saw that he was dead.

さて、上の2つの文の意味の違いがわかるだろうか。まず1つ目のI saw him dead であるが、これは、彼が死んでいるのを自分の目で見たとき（つまり目撃したとき）に使われる。一方、2つ目の文は、（最初は彼が死んでいるのか寝ているだけなのかわからなかったが）彼が死んでいるのが確認できた（とか納得できた）ときに使われる。このように、動詞 see の後に that 節がくると、「わかる」や「理解する」、そして「了解する」といった意味になる。

次に、本文の最後にある things will change for women as a natural consequence に注目してみよう。as a natural consequence は、「自然の帰結として」と直訳できることからわかるように、as a natural consequence の natural は、結果なり帰結がどうやって導かれたのか、その根拠や原因を示している。その意味では、本文の as a natural consequence は、「自然の摂理の結果として」とか「自動的に」と超訳することができる。

as a consequence に「～のせいで」や「～のおかげで」といった根拠や理由をつけたいとき、よく of ~ を consequence の後ろにつける。具体例を見てみよう。

As a consequence of the war, the people suffered from sense of loss.
（戦争の結果、人々は喪失感に悩まされた）

As a consequence of her laziness, she took a pay cut.
（なまけた結果、彼女は給料を減らされた）

He died young as a consequence of heavy smoking.
（彼はヘビースモーカーで若くして亡くなった）

本文の things will change for women as a natural consequence で助動詞の will が使われているが、これは as a natural consequence の natural と呼応している。ここで使われている will は自然の成り行き（摂理）を意味する will といえるからだ（『英語の法助動詞』（開拓社）を参照）。広

い意味での論理的必然性を意味する will ともいえ、ここでは、男性が固定観念から自由になれば、自然の成り行きで、すなわち論理的必然性をともなって、女性のほうにも何かしら変化がおとずれる —— といったことを意味しているのである。

1960 年代後半、アメリカで女性解放運動が起こった。ウーマンリブ（women's liberation）である。「男と女は社会的に平等であるべきだ！」がウーマンリブの主張であるが、この主張からわかるように、フェミニズムとジェンダー平等はウーマンリブを下敷きにしている。このウーマンリブに対してメンズリブ（men's liberation）というものがある。男性解放を唱える運動で「男らしさ」からの開放を謳っている。なお、メンズリブはウーマンリブの誕生と時期を同じくして生まれている。

1970 年、ワシントン DC で行われたウーマンリブのデモ

英文 43

If men don't have to be aggressive in order to be accepted women won't feel compelled to be submissive.

意訳

社会に受け入れられるために男性が攻撃的であろうとする必要性がなくなれば、女性は男性に服従せざるをえないと思うこともなくなるでしょう。

(単語のチェック) aggressive「積極的な」 feel compelled to do「～せざるをえない気持ちになる」 submissive「服従する」「言いなりになる」be submissive to ~ で「～の言いなりになる」の意味

解釈と訳のポイント

本文の43と次の文の44は、前の文42の後半部分（下に再掲）の具体例になっている。

when they are free, things will change for women as a natural consequence

つまり、男が変われば、論理的必然性をともなって女性がどう変わるのか、その具体的な例が43と44で紹介されているのだ。

次に示すように、43と44はともにif~, 主語＋will ... の形になっているが、

43 **If** men don't have to be aggressive in order to be accepted, women **won't** feel compelled to be submissive.

44 **If** men don't have to control, women **won't** have to be controlled.

文頭のifをwhenにすれば、上で見た42の後半部分（下に再掲）と同じような形になる。

42 **when** they are free, things **will** change for women as a natural consequence

では、if節のIf men don't have to be aggressive in order to be accepted について見てみよう。まずこのif節では、accepted の後ろに by society が省略されている（by society については38を参照）。accepted の後ろに by society を補って解釈し

てやろう。

さて、この if 節では must ではなく have to が使われているが、ここは have to でないといけない。なぜだろうか。must と have to の違いについてざっくりとみてみよう。

must は内的な要因というか内圧から「やらないとオレの気がすまない！やらなきゃ！」という状況のときに使う。それに対して have to は、外的な要因というか外圧から「周りからいろいろ言われているからやらにゃーしゃーねーなー」というときに使う。must と have to との間には明らかなモチベーションの違いがある。

次の 2 つの文を見てみよう。

I must study English hard.
I have to study English hard.

1 つ目の文も 2 つ目の文も「英語を一生懸命勉強しなきゃ」と訳せるが、意味もニュアンスもぜんぜん違う。

1 つ目の文は、「私」が将来外資系の企業に就職したいとか英語の教員になりたいとか、そういった内的な要因があり、「オレ、がむしゃらに英語勉強してなりたい自分になるから！」という強い思いが感じられる。

一方、2 つ目の文は、周りから「勉強しろ、勉強しろ」といわれて勉強せざるをえない状況であったり、本腰を入れて英語を勉強しないと留年になりかねない……といった、そんな「やらなきゃしゃーない感」が感じられる文である。

社会が男に対して攻撃的であれと要請している。男が自ら攻撃的でありたいと思っているわけではない。男が攻撃的である素振りをするのは、内的な要因によるものではなく、外的な要因によるものである。だからこそ、本文では must ではなく have to が使われているのである。

本文で must でなく have to が使われている理由がもう 1 つある。それは、本文が否定文で書かれているということである。must を否定した must not は「～してはいけない」という禁止を意味する。一方、have to を否定した don't/doesn't have to は

「〜する必要がない」という不要を意味する。本文は、意訳の「必要性がなくなれば」からわかるように、禁止ではなく不要を意味している。よって本文は、must の否定文でなく have to の否定文である必要があるのだ。

豆知識

　　　主節の women won't feel compelled to be submissive の compelled に注目してもらいたい。compel は「強いる」という意味の単語であるが、同じような意味の単語だからといって、ここで compelled の代わりに made や forced が使えるかというと、使えない。ニュアンスが違ってきてしまうからだ。

make は「使役動詞」といわれるぐらいだから「無理やり感」がある。でも、compel ほど「圧力をかけられた感」がない。もっというと、make には「外から圧力をかけられてやらざるをえなくなった感」が compel ほどない。compel にはハンパない「無理やり感」があるのだ。よって、ここで make を使ってしまうと、「外圧」や「外的な要因」があまり感じられなくなってしまい、今ひとつ物足りなさを感じてしまう。

force は make よりも「無理やり感」が強い。しかも force は実力行使のようなハラスメント感がかなり強い。身体的にであれ、精神的にであれ、相手をねじ伏せて相手を従わせる感じがかなりある。権力や暴力といった「(腕) 力」を彷彿とさせるものが force にはある。

本文は、社会には「男は攻撃的であるべきだ」という「呪い」があることを伝えている。この外圧としての「呪い」のニュアンスを出すには compel が一番である。ここでは compel を使うべくして使っている。

英文 **44**

If men don't have to control, women won't have to be controlled.

意訳

男性が女性を支配下に置く必要がなくなれば、女性は男性の支配下に置かれる必要もなくなってきます。

単語のチェック control「支配する」

解釈と訳のポイント

43 の「解釈と訳のポイント」で触れたように、本文 44 も 43 と同様に、42 の後半部分（下に再掲）の具体例となっている。

when they are free, things will change for women as a natural consequence

さて本文であるが、if 節 If men don't have to control の control の後ろに women を補い、さらに主節の women won't have to be controlled の後ろに by men を補って読むようにしよう。つまり、本文を次のように「穴埋め」して読むようにしよう。

If men don't have to control women, women won't have to be controlled by men.

文脈からわかることはよく省略される。でも、解釈するときは省略されたものを復活させて読むようにしよう。

豆知識

　　　主節 women won't have to be controlled にある助動詞 will は自然の成り行きを意味する will であり、広い意味での論理的必然性を意味する will である。42 も参照。

さて、if 節をともなう条件文には、大きく分けて次の 2 つのパターンがある。

if ～, …
if ～, then …

主節がthenではじまるものとそうでないものの2つである。日常生活では、もっぱら、thenを使わないパターンが用いられる。一方、論理学や数学の分野では、よく、thenではじまるif ～, then … のパターンが使われる。

論理学や数学では、日常生活とは異なり、論理的必然性が問題とされる。これらのことからわかるように、if ～, then … のパターンを使うと、論理的必然性を表すことができるのである。

本文であるが、意訳の「男性が女性を支配下に置く必要がなくなれば、女性は男性の支配下に置かれる必要もなくなります」を見るとわかるように、「男性が女性を支配下に置く必要がなくなること」と「女性が男性の支配下に置かれる必要がなくなること」の間に論理的必然性がある。そこで、本文では、論理的必然性を表す助動詞 will が主節で使われているのである。

でも、上で見たように、論理的必然性を表す助動詞 will を使う代わりに、主節を then で導いても論理的必然性を表すことができる。よって本文は、次のように書き換えることができる。

If men don't have to control, then women don't have to be controlled.

このように、論理的必然性は、単語でなく構文のパターンを使って書き表すこともできる。

参考までに紹介しておくと、次のスティーブ・ジョブズ（アップルの創設者）のことばでは、

If you look backward in this business, you'll be crushed. You have to look forward.
（この世界では後ろを振り向いたら必ずや打ちのめされてしまう。とにかく前を向いていないといけない）

本文と同様に、助動詞 will を使って論理的必然性が表わされている。

その一方で、次のエドガー・ダイクストラ（オランダの計算機科学者）の

ことばでは、

If debugging is the process of removing bugs, then programming must be the process of putting them in.
（デバッグがバグを取り除く作業であるのなら、プログラミングは必然的にバグを取り込む作業になる）

if ~, then … の構文パターンを使って論理的必然性が表されている。

英文 45

Both men and women should feel free to be sensitive. Both men and women should feel free to be strong …

意訳

男性も女性も、自分の気持に正直になって、他人のことを気づかえるようになってしかるべきでしょうし、男性にも女性にも、強くあっていい自由があってしかるべきでしょうし………

(単語のチェック) sensitive「感受性の強い」「繊細な」　strong「（力や体力などが）強い」「たくましい」「（意志が）強い」「目立った」「（感情などが）激しい」「（能力などが）優れた」

解釈と訳のポイント

1つ目と2つ目の文では、ともに、助動詞の should が使われている。08 と同様ここでも、should を「当然だ」の意味で解釈している。

なお、「～して当然だ」「～してしかるべきだ」というのは、裏を返せば「いま～してしかるべきなのに、まだ行われていない」ということである。だからこそ、次の 46 にある It is time that（もう～すべきときだ）という表現が生きてくるのだ。本文の 45 は 46 の伏線ともいえる。

1つ目の文と2つ目の文では、ともに、feel free to do という表現が使われている。これは「自由に～していい」という意味の一種の定型表現である。なお、feel free to do は、次の例にみられるように、

Feel free to call me.
（遠慮なく電話してください）

Please feel free to ask me if you have any questions.
（何かご不明な点がございましたら遠慮なくお問い合わせください）

よく命令形で使われる。

1つ目の文の Both men and women should feel free to be sensitive の sensitive であるが、次の『コウビルド英英辞典』の定義にあるように、

If you are sensitive to other people's needs, problems, or feelings, you show understanding and awareness of them.

「他人のことを気づかえる」ことを意味する。そこで意訳でも「他人のことを気づかえるようになってしかるべき」としている。したがって、本文 Both men and women should feel free to be sensitive の sensitive の後ろに何かことばを補うとしたら、to other people's needs, problems, or feelings となる。

さて、あらためて1つめの文 Both men and women should feel free to be sensitive. の sensitive について考えてみたいが、これは「女らしさ」を特徴づけるものである。一方、2つ目の文 Both men and women should feel free to be strong ... の strong は「男らしさ」を特徴づけるものである。よって、本文の45から、女だけでなく男にだって「女らしさ」があってもかまわないし、男だけでなく女にだって「男らしさ」があってもかまわない――とエマが訴えているのがわかる。しかも、2つ目の文の主語が They ではなく Both men and women になっていることからわかるように、エマは「男と女の区別なく両方にいえることだよ！」と熱く、そして強く唱えているのだ。

　　1つ目の文と2つ目の文の主語は、ともに、both α and β の形になっている。ここで、both α and β の特性についてざっと見ておこう。

both α and β の and は等位接続詞である。等位接続詞は、13, 19, 42 で見たように、同じタイプのもの同士を結びつける。つまり、片方が名詞ならもう片方も名詞というように、同じ範疇（カテゴリー）のもの同士を結びつける。これは、次の例が示すとおりである。

Both she and her sister are still alive.

They are both good and cheap.

I can both skate and ski.

1つ目の文では名詞が結びつけられていて、2つ目の文では形容詞が結びつけられている。そして3つ目の文では動詞が結びつけられている。このように、both α and β の α と β には同じタイプ（すなわち範疇）のものがくる。

なお、2つのものを否定するときは、次の例に示されるように、neither α nor β を使う。

Neither she nor her sister is still alive.

They are neither good nor cheap.

I can neither skate nor ski.

both α and β の否定版が neither α nor β である。

英文 46

It is time that we all perceive gender on a spectrum not as two opposing sets of ideals.

意訳

ジェンダーというものを、相反する 2 つの理想形とはみなさず、連続した幅のあるものとしてみるべきときにきているのです。

単語のチェック perceive「了解する」「認める」 spectrum「変動の範囲」「幅」 opposing「相対する」「正反対の」 ideal「（普通は複数形で）理想」

解釈と訳のポイント

本文は it is high time that ~（まさに~する時間だ）や it is about time that ~（そろそろ~する時間だ）の変形バージョンである。

it is high time that ~ にしても、it is about time that ~ にしても、「今頃~していなきゃいけない頃だ」の意味で、「本来なら~していていいはずだが、今はまだ~していない」という仮定法過去が根底にある。よって、it is {high/about} time that ~ では、次の例に見られるように、that 節の動詞は過去形で書かないといけない。

It is high time that we made a decision.
（もう決断を下していてもいい頃だ）

It is about time that we were going home.
（そろそろお暇する時間だ）

しかし本文では、動詞 perceive の形を見てわかるように、that 節の動詞が過去形にはなっていない。これはどういうことだろうか。本文ではいったい何が起きているのだろうか。

実は、本文では、perceive の前に本来あった should が省略されているのである。つまり、本文の perceive は（過去形でもなければ現在形でもなく）原形であるのだ。ただし、it is time that ~ の that 節で should が省略されるのは、アメリカ英語ではよく見られるものの、そうしょっちゅう起こるものではない。

122

ところで、it is time ~ は、次の例に示されるように、

It's time (for us) to go.
(もう出かける時間です)

(主語つきの) to 不定詞の形でも使える。よって本文は、次のように書き換えること
ができる。

It is time (for us all) to perceive gender on a spectrum not as two opposing sets of
ideals.

本文はなんとなくさらっと読めてしまうが、ちゃんと理解しようと思ったら、いろん
な文法の知識が必要となってくる。

豆知識

　　本文にある a spectrum であるが、不定冠詞の a がついていること
からわかるように、spectrum は単数形である。複数形は spectra である（た
だし spectrums の形もある）。単数形だと最後が -um で終わって複数形
だと最後が -a で終わるものはラテン語系の単語に見られるが、ほかにもい
くつかある。たとえば、「データ」を意味する data は datum の複数形で
あるし、「メディア」を意味する media にしても、単数形は medium であ
る。さらに、「バクテリア」は英語で bacteria と書くが、これは
bacterium の複数形である。

123

英文 47

> If we stop defining each other by what we are not and start defining ourselves by what we are — we can all be freer and this is what HeForShe is about. It's about freedom.

意訳

私たち女性と男性は、それぞれを、本来の姿でないもので定義するのではなく、ありのままの姿で定義しはじめれば、私たち女性と男性は、もっと自由になれますし、それこそが HeForShe がめざしているものなのです。つまり HeForShe は、男性と女性が自由になること、そのことを目指しているのです。

(単語のチェック) define「定義する」「限界をはっきりさせる」 freedom「自由」「束縛のないこと」「自主独立」「行動の自由」「のびのびしていること」

解釈と訳のポイント

本文の次の3箇所に、先行詞を含む関係代名詞の what がある。

… by what we are not …
… by what we are …
… this is what HeForShe is about

これらの what は、いずれも、次に示すように、the thing which に置き換えることができる。

… by the thing which we are not …
… by the thing which we are …
… this is the thing which HeForShe is about

1つ目の文と2つ目の文では、ともに、the thing が前置詞 by の目的語として機能し、which が we are の補語として機能している。一方、3つ目の文では、the thing が this is の補語として機能し、which が前置詞 about の目的語として機能している。

先行詞を含む関係代名詞の what を文中に見かけ、それがイマイチどこがどうなって

いるのかわからないときは、上で見たように、what を the thing と which に分割して考えてみるといい。ただし、その際、the thing と which が文中でどう機能しているのかをよく考えることだ。

なお、この先行詞を含む関係代名詞の what であるが、次に見られるように、イディオムの形でもよく使われる。

They are what we call a party animal.
（あいつらはいわゆるパリピだよ）

Mary is a slow learner and, what is worse, she forgets what she has learned.
（メアリーは物覚えが悪く、さらに悪いことに、覚えたことをすぐに忘れる）

先行詞を含む関係代名詞の what を見かけたら、ちょっとだけ立ち止まって文を解析してみるといい。

さて、… this is what HeForShe is about の about に注目してもらいたい。ここは前置詞の about をとって … this is what HeForShe is としてもよい。それなのにあえて about を入れている。前置詞の about があるときとないときではどんな意味の違いがあるのだろうか。

映画『スクール・オブ・ロック』（脚本：スクリーンプレー）に出てくる次のセリフを見てもらいたい。

Rock ain't about doing things perfect. Who can tell me what it's really about?
（ロックというのは物事を完璧にやるってことじゃない。誰かその本来の意味がわかるヤツいるか？）

2つ目のセリフ Who can tell me what it's really about? の訳「誰かその本来の意味がわかるヤツいるか？」からわかるように、about があると「本質は何か」のニュアンスが出る。本文でも、なくてもいい about をあえてつけたのは、HeForShe のねらい（つまり HeForShe の本質）を問題にしているからだ。

豆知識

　　ダッシュ（—）の次にある we can all be freer ... に注目してもらいたい。この文は次のように言い換えられることからわかるように、

all of us can be freer ...

all はもともと主語 we の一部であった。

このように、主語の一部となっている all や both、そして each が「幽体離脱」して動詞の近辺に現れることがある。たとえば、次のベースとなる文から、

All（of）the children have been vaccinated.
（子どもたちはみんなワクチンの接種を受けている）

all が幽体離脱して、次のようなところに現れることがある。

The children all have been vaccinated.
The children have all been vaccinated.
$^?$The children have been all vaccinated.

1つ目と2つ目の文はまったく問題ないが、3つ目の文は若干違和感がある（その違和感を文頭の記号？で表している）。

幽体離脱している all や both、そして each を見かけたら、どこから離脱したのかを突き止め、その後に解釈するようにしよう。

男性に対して嫌悪感や憎悪を抱くことをミサンドリー（misandry）という。それに対して、女性らしさに対して嫌悪感を抱いたり蔑視を感じることをミソジニー（misogyny）という。また、ミソジニーの逆で、女らしさに対して好ましい感情を抱くことをフィロジニー（philogyny）という。フェミニズム関係の本をサクサク読めるようになるためにも、これらの用語は知っておいたほうがよい。

蛇足だが、misogyny（ミソジニー）は misos（＝hate）＋gune（＝woman）の組み合わせでできており、philogyny（フィロジニー）は philo（＝love）＋gune（＝woman）の組み合わせでできている。このように、語を分解して語のパーツの意味を知ることにより、ムズカシそうな単語の意味も覚えやすくなる。

英文 48

I want men to take up this mantle.

意訳

男性にもこの運動に加わっていただきたいのです。

（単語のチェック）mantle「（権威の象徴としての）マント」take up the mantle で「誰かが過去にしたことを同じようにやる」や「前任者の後を継ぐ」の意味。

解釈と訳のポイント

本文の後半 take up this mantle であるが、これは take this mantle up としてもよい。しかし、this mantle を代名詞の it にすると、take it up はいいが take up it はダメである。take up it がダメなのは文法的な理由によるものではない。発音上の理由によるものである。動詞の take と副詞の up は強く発音される。その一方、代名詞の it は弱く発音される。take it up の語順だと「強弱強」となってリズムがいい。その一方、take up it だと「強強弱」となってリズムがよくない。このようなリズムの問題で take up it はダメになっている。リズムと語順の問題については、35 も参照。

豆知識

　　本文 I want men to take up this mantle. の men をとって I want to take up this mantle. とすると、take up this mantle するのが 'I' になる。このことからわかるように、I want to do の want と to の間には、形として現れるにせよ現れないにせよ、to do の意味上の主語が必ずある。このように、I want to do は次のようなパターンをとるが、

I want {形として現れる I とは違う主語／形としては現れない主語 I} to do

ここで「形として現れる I とは違う主語」が you のときについて見てみよう。というのも、I want you to do にせよ、I would like you to do にせよ、これらの表現のニュアンスを間違えて覚えている人が意外と多いからだ。

I want you to do であるが、これを依頼の表現と覚えている人がいるが、これは依頼の表現というよりは、むしろ、命令の表現である。ニュアンス的には「～しなさい」に近い。かなり上から目線の表現である。したがって、I want you to do は、相手が大人である場合、基本的に使わないほうがよい。

では、I want you to do の丁寧な表現としてよく紹介される I would like you to do ならいいかというと、これも実は使えない。would like to ~ を使っているとはいうものの、I would like you to do も、I want you to do と同じく、依頼の意味合いは弱く命令の意味合いが強いからだ。

I would like you to do をビジネスメールやフォーマルな内容のメールでよく見かける。でも、英語ネイティブはそのような文面のメールをもらって、意外とカチン！ときているかもしれない。頭を下げてお願いしているニュアンスを出したいのであれば、Could you ...? や I would be grateful if you could ... といった表現を使ったほうがよい。

英文 49

So their daughters, sisters and mothers can be free from prejudice but also so that their sons have permission to be vulnerable and human too — reclaim those parts of themselves they abandoned and in doing so be a more true and complete version of themselves.

意訳

そうしていただければ、男性の娘さんも、妹さんやお姉さんも、そしてお母さんも偏見から逃れられることができ、そうなることによって、さらに、自分たちの息子さんたちも弱い自分をさらけ出すことができ、人間的になることもできるのです。つまり、一度捨て去った弱さのようなものを取り戻すことができることにより、もっと本当の、そして完全な自分になることができるようになるのです。

単語のチェック prejudice「偏見」「先入観」 permission「許可」 vulnerable「(人や感情が) 傷つきやすい」「害をこうむりやすい」 human「人間らしい」「人間味のある」 reclaim「返還を要求する」「取り戻す」 abandon「捨てる」「(権利などを) 放棄する」 complete「完全な」「全部そろっている」 version「(原作に対する) 改作」「(原型に対して) 改造型」

解釈と訳のポイント

次の本文のダッシュ (—) 以降をみてみよう。

— reclaim those parts of themselves they abandoned **and** in doing so be a more true **and** complete version of themselves

等位接続詞の and が2つある。1つ目の and は reclaim those parts of themselves they abandoned と in doing so be a more true and complete version of themselves を結びつけている。そして2つ目の and は true と complete を結びつけている。等位接続詞については 13, 19, 42, 45 を参照。図式化すると次のようになる。

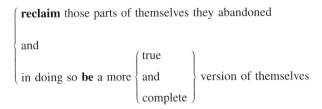

上の図式を見てわかるように、1つ目の動詞句の動詞 reclaim も2つ目の動詞句の動詞 be も原形である。人によっては、これら2つの動詞句は動詞句ではなく命令文であると考えるかもしれない。でも、もし命令文なら、1つ目の文と2つ目の文に現れている themselves と they は、それぞれ、yourselves と you になっていないといけない。でも実際はそうなっていない。どうもこの分析は間違っているようだ。では、どう分析したらいいのだろうか。

本文のダッシュ（―）であるが、これは「つまり」の意味で使われている。よって、ダッシュ以下はダッシュより前に書かれていることの言い換えになっている。ダッシュ以下は be vulnerable and human too の言い換えになっているのだ。より厳密にいうと、be vulnerable を言い換えたものが reclaim those parts of themselves they abandoned で、be human too を言い換えたものが in doing so be a more true and complete version of themselves である。

すなわち、their sons have permission to 以下は次のような構造になっているのである。

their sons have permission to

$\left\{\begin{array}{l}\text{be vulnerable} \quad\text{— reclaim those parts of themselves they}\\\qquad\qquad\qquad\qquad\text{abandoned}\\\text{and}\\\text{be human (too) — (in doing so) be a more true and complete}\\\qquad\qquad\qquad\qquad\text{version of themselves}\end{array}\right.$

このように考えれば、なぜダッシュ以下が動詞の原形ではじまり、さらになぜ文中に yourselves と you ではなく themselves と they が現れているのかが簡単に説明できる。もちろん、themselves と they は their sons（ならびに their sons の their すなわち 48 の men）を指している。

130

さて、be vulnerable を具体的に述べているのが reclaim those parts of themselves they abandoned であるが、次の 12 でも見たように、

When at 18 my male friends were unable to express their feelings.
（私が 18 歳のときは、私の男ともだちは、自分の感情を表に出すことが許されずにいました）

また、次の 39 でも見たように、

I've seen young men suffering from mental illness unable to ask for help for fear it would make them look less "macho"—in fact in the UK suicide is the biggest killer of men between 20-49 years of age; eclipsing road accidents, cancer and coronary heart disease.
（精神的に病んでいる若い男の人たちがいます。でも彼らは誰かに助けを求めることができません。そんなことをすると、自分が「男らしく」ないと思われてしまうからです。私は、これまで、そういった若い男の人たちを目にしてきました。実際、イギリスでは、20 歳から 49 歳までの男性の死因のトップが自殺なのです。交通事故や癌、そして心疾患をしのいで 1 位なのです）

男は弱さを曝け出すことをためらい、感情を表に出したくても出せない。社会は男に強さを求めているからだ。でも、男がひとたび「男だって弱くたっていいんだ」（＝be vulnerabl）と認めれば、人として本来もつべき「人間としての弱さ」を男は取り戻すことができる（＝reclaim those parts of themselves they abandoned）。

また、be human too を具体的に述べているのが in doing so be a more true and complete version of themselves であるが、男が弱さをさらけ出し、社会もそれを認めることによって、男は人間らしくもなれるのである（＝be human too）。さらに、人間としての弱さを取り戻すことによって、欠けたものが補われ、男はより完全な自分になることができるのである（＝be a more true and complete version of themselves）。

正しい英文解釈は正しい英文法の知識なしには不可能なのがわかってもらえたかと思う。

本文の次の前半部分（つまりダッシュまで）を見てみよう。

So their daughters, sisters and mothers can be free from prejudice but also so that their sons have permission to be vulnerable and human too

意訳を見てもらうとわかるように、この部分には、実は、not only α but also β が隠されている。but also は見つけられるとして、not only はいったいどこにあるのだろうか。

本文はもともと次のような文であったと考えられる。省略されたものをカッコで括っている。

(Not only) so (that) their daughters, sisters and mothers can be free from prejudice but also so that their sons have permission to be vulnerable and human too

つまり、もともと次のような構造をなしていたと考えるのだ。

NOT ONLY
so (that) their daughters, sisters and mothers can be free from prejudice
BUT ALSO
so that their sons have permission to be vulnerable and human too

このように考えると、隠れていた not only をあぶり出すことができる。ちなみに、so that の that は口語ではよく省略されるし、that 節が2つ連続するときは最初の接続詞の that のみが省略できる（42 も参照）。

ところで、so that は α so that β で「α の結果 β になる」と訳すなり解釈できる。so that β が 49 だとして α はどこにあるのだろうか。もうおわかりかと思うが、α に相当するのが 48 の I want men to take up this mantle であるのだ。つまり、48 と 49 で 1 文なのだ。省略されたものなどを補った上で 48 と 49 を 1 つにまとめると次のようになる。

I want men to take up this mantle, (not only) so (that) their daughters, sisters and mothers can be free from prejudice but also so that their sons have permission to be vulnerable and human too — (that is,) (their sons have permission to) reclaim those parts of themselves they abandoned and in doing so (their sons have permission to) be a more true and complete version of themselves.

「解釈と訳のポイント」で but also 以下の so that 節について詳しくみたので、ここでは not only 以下の so that 節について詳しくみてみよう。

男性にとって、娘も（daughters）姉や妹も（sisters）、そして母親も（mothers）みんな大切な存在である。そういった女性たちが、男がジェンダー平等の運動に参加することにより、偏見（prejudice）から自由になれるのである。

では、ここでいう「偏見」とは具体的にどういったことをいっているのだろうか。それが、まさに、9-11 で見た次のようなことである。

When at eight I was confused at being called "bossy," because I wanted to direct the plays we would put on for our parents — but the boys were not. When at 14 I started being sexualized by certain elements of the press. When at 15 my girlfriends started dropping out of their sports teams because they didn't want to appear "muscly."
（私がジェンダーに基づく考えに疑問をもちはじめたのは、私が 8 歳のときでした。当時、親御さんに見せる劇を私がしきろうとしていたところ、そんな私をみんなは「えばっている」というのです。私は困惑してしまいました。男子はそういわれることはなかったのに。私は 14 歳のとき、一部のメディアに性的な対象として扱われるようになりました。そして 15

歳のとき、私の女ともだちは次から次へとスポーツクラブをやめるように
なりました。「筋肉隆々」に見られたくないというのがその理由です）

男性がジェンダー平等の運動に参加すれば、女性は世間にある偏見（つま
り「呪い」）から解き放たれるのである。

いま現在、女ばかりでなく男も、こういった偏見や呪いから開放されてい
ない。だからこそ、次の22で見たように、

No country in the world can yet say they have achieved gender
equality.
（ジェンダー平等が達成できている国は、この地球上には、今なお、どこに
も見つけることができないのです）

さらには次の41でも見たように、

Men don't have the benefits of equality either.
（男性もまた、ジェンダー平等の恩恵を受けていないのです）

いま現在、男も女も、ジェンダー平等の恩恵を受けていないのである。

さて、本文では not only α but also β のパターンが崩れて使われている
が、not only α but also β のパターンが崩された形はよくある。そのよ
うな例をいくつかみてみよう。たとえば、次のものはオバマ大統領の就任
演説からの一節であるが、

Our economy is badly weakened, a consequence of greed and
irresponsibility on the part of some, but also our collective failure
to make hard choices and prepare the nation for a new age.
（アメリカの経済はかなり弱っている。これは、一部の人物の貪欲と無責任
によるものであるとともに、私たちが厳しい選択をすることをこれまで避
けてきて、次世代の我が国のために準備をすることを怠ってきたことにも
よる）

ここでも not only が省略されている。どこで省略が起きているかわかるだ

ろうか。a consequence of の of の後ろで省略が起きているのである。

次の例でも not only α but also β のパターンが崩されている。

I speak to you not just as a President, but as a father, when I say that responsibility for our children's education must begin at home.
(私たちの子どもに対する教育の責任、それが家庭からはじまると私がいうとき、私は大統領としての立場だけでなく 1 人の父親としての立場からも発言しています)

この文は 2009 年 2 月 24 日に行われたオバマ大統領の施政方針演説からの一節であるが、not only α but also β の only が just になり、さらに also が抜け落ちている。いい感じでパターンが崩れている。

もう 1 つ例を見てみよう。

In this new era, opening other markets around the globe will be critical not just to America's prosperity, but to the world's, as well.
(この新しい時代においては、世界中の他の市場を開くことは、アメリカの繁栄のみならず世界全体の繁栄のためにも不可欠なことである)

これは 2009 年 11 月 14 日にオバマ大統領が日本初訪問時に演説したときのものであるが、not only α but also β の only が just になり、also が as well になって文末に置かれている。崩れ方に美しさがある。

not only α but also β のパターンを丸暗記しているだけでは生の英語に太刀打ちできない。型破りなパターンに慣れておくようにしよう。

Hatakeyama's Comments

性は男か女かというバイナリー（2 項対立）なものではなく、男と女の間にはいろいろあり、性はグラデーションをなしている —— こういった考え方が最近では主流になっている。いわゆる LGBT である。

LGBT の L は Lesbian（レズビアン：女性同性愛者）を表し、G は Gay（ゲイ：男性同性愛者）を表している。そして、B は Bisexual（バイセクシュアル：両性愛者）を表し、T は Transgender（トランスジェンダー：性別越境者）を表している。LGBT の割合であるが、人口の 7.6％ほどいるといわれている。

男と女といえども、体の特徴から男と女の 2 種類に分けられるだけでなく、自分を男と思うか女と思うかでも男と女に分けられる。また、好きになる対象も、異性のこともあれば同性のこともあり、さらには、どちらも好きになる人もいる。よって、組み合わせだけを考えると 12 通りあり、男で女が好きな人や女で男が好きな人は、それぞれ、12 あるパターンのうちの 1 つにすぎない。

LGBT にくくれないジェンダーもいろいろあり、たとえば、X ジェンダー（自分が男なのか女なのかどちらかに決められない人）や A セクシャル（好きになる性をそもそももてない人）がある。

性はグラデーションをなしている。

英文 **50**

You might be thinking who is this Harry Potter girl? And what is she doing up on stage at the UN.

意訳

皆さんは、このハリー・ポッターの女の子はいったい何者なのだろうと思っていることでしょう。そして、国連の舞台で何をしているのだろうかと。

単語のチェック Harry Potter「イギリスの作家 J・K・ローリングによるファンタジー小説」 UN「国連」the United Nations の略

国連プログラム「HeForShe Art Week」立ち
上げイベントに登場したエマ（2016 年 3 月 8
日）［提供：Abaca／アフロ］

1 つ目の文は You ではじまっていてしかも付加疑問文でもないのに最後が疑問符で
締めくくられている。一方、2 つ目の文は、what ではじまって主語と助動詞の倒置
が起きているのに最後が終止符で締めくくられている。本文は、直接話法と間接話法
がゴチャ混ぜになっている文なのである。直接話法に統一すれば次のようになるし、

"Who is this Harry Potter girl?" you might be thinking, "What is she doing up on
stage at the UN?"

間接話法に統一すれば次のようになる。

You might be thinking who this Harry Potter girl is and what she is doing up on
stage at the UN.

直接話法と間接話法がゴチャ混ぜになった文は、よく、小説や物語で見かける。

なお、本文は、スピーチということもあり、You might be thinking を挿入句的に
使っている可能性もある。つまり、You might be thinking を「皆さんはこう思って
いるのかもしれませんが……」という前振り的なフレーズとして使っている可能性
もある。この場合、本文は次のようにパラフレーズすることができる。

You might be thinking: Who is this Harry Potter girl? And what is she doing up on
stage at the UN?

さらっと読めてしまう文ほどいろんな仕掛けが隠されている。

豆知識

　国連（国際連合：the United Nations）には主要機関と専門機関の２つの機関がある。主要機関は６つの機関からなり、そのうちの１つが総会である。そして、その総会のなかに、国連児童基金（UNICEF）や世界食糧計画（WFP）、そして渋谷にある国際連合大学（UNU）といった補助機関がある。専門機関には国際通貨基金（IMF）や世界保健機関（WHO）、そして国際連合教育科学文化機関（UNESCO）や国際原子力機関（IAEA）がある。

英文 **51**

It's a good question and trust me, I have been asking myself the same thing.

意訳 ────────────────

それはいい疑問です。私を信じてほしいのですが、私だって同じ疑問をずっと自分に問いかけてきたのです。

（単語のチェック）trust「信用する」　ask oneself「自問する」

解釈と訳のポイント ────────────

１つ目の文と２つ目の文がコンマで繋がれているが、このコンマは接続詞 that の代わりに使われていると考えられる。動詞 trust は、She completely trusts me what I say.（彼女は俺のいうことを全面的に信用している）といった使い方ができることもあり、本文では、コンマ以下が trust の内容を示していると考えられる。

なお、１つ目の文の主語 It であるが、これは 50 の２つ目の文（つまり What is she doing up on stage at the UN?）を指している。蛇足だが、池上彰氏の「いい質問ですね」を英語にすると、１つ目の文の頭にある It's a good question になる。

　２つ目の文 I have been asking myself the same thing は現在完了進行形で書かれている。この文はどんな意味合いの文になっているのだろうか。「現在完了進行形とは何か」について考えながら、この文のニュアンスについて考えてみたい。

まず、次の現在完了進行形の文をみてみよう。

Mary has been waiting to see him since six o'clock (and is still waiting).
（メアリーは彼に会うために６時からずっと待っている（し、まだ待ち続ける））

メアリーはある過去の時点（６時）から今までずっと彼を待ち続け、この後も待ち続けることがほのめかされている。このように、現在完了進行形は、ある動作がある過去の時点ではじまり、その動作が今も続き、さらにその後も続くときに使える。

もう１つ例をみてみよう。

John shouldn't drive. He has been drinking.
（ジョンは運転しないほうがいいよ。だってずっと飲んでいたんだから）

２つ目の文で現在完了進行形が使われているが、２つ目の文の主語 He は、この段階ではもう飲んでいない。ちょっと前に飲み終わっている。このことからわかるように、現在完了進行形は、ある動作が過去のある時点ではじまり、その動作がちょっと前に終わり、でも、その影響が今も残っているときに使われる。

本文の I have been asking myself the same thing は、はたして、どちらの意味合いで使われているのだろうか。次の52を読むとわかるように、まだ自分で答えを見いだせず引き続き答えを模索しているようである。よって、本文の I have been asking myself the same thing は、上で紹介

した「待ちぼうけ文」の意味合いをもっているといえる。

なお、本文は同等比較の文ということもあり、最後に as ~ が省略されている。as ~ を補って文を完成すると次のようになる。

I have been asking myself the same thing as the question of "what is she doing up on stage at the UN?"

この文の the same thing as the question of "what is she doing up on stage at the UN?" は、具体的にいうと、次の 52 にある if I am qualified to be here（私にはここにいる資格がはたしてあるのか）のことである。また、if I am qualified to be here の最後にある here は、50 の on stage at the UN を指している。このことからわかるように、50 と 51 と 52 は内容的につながっている。

英文 52

I don't know if I am qualified to be here.

意訳 ─────────────────────────────

私にはここにいる資格がはたしてあるのか、私にだってわからないのです。

（単語のチェック） be qualified to ~「~する資格がある」「~するのに適している」（例：He is qualified to teach theoretical linguistics.（彼には理論言語学を教える資格がある））

解釈と訳のポイント

本文の if は whether で置き換えることができる。つまり、本文は次のように言い換えることができる。

I don't know whether I am qualified to be here.

このように、動詞の目的語の位置であれば、「~かどうか」を意味する if 節は whether 節と交換可能である。

では、次の文をみてみよう（『英文法解説』（金子書房）を参照）。

Whether there are any survivors is still uncertain.
（生存者がいるかどうかはまだわかっていません）

The real question is whether they have in mind the benefit of the consumers.
（本当の問題、それは、彼らが消費者の利益を考えているかどうかだ）

I want to know whether to reserve a seat.
（席を予約しておいたほうがいいのかどうか知りたいのです）

It all depends on whether you really love Sarah.
（君が心からサラを愛しているかどうか、すべてはそれ次第だよ）

1つ目の文では主語の位置に whether 節が現れ、2つ目の文では補語の位置に whether 節が現れている。そして、3つ目の文では whether が to 不定詞節として使われていて、4つ目の文では whether 節が前置詞の目的語として使われている。

これら4つの位置には whether 節は使えるが if 節は使えない。whether 節はいつどこでも if 節と交換可能というわけではないのだ。

豆知識

　　ここでは、I don't know の know を「わかる」と訳しているが、「わかる」は「わかる」でも「わかった！」という瞬間的な意味の「わかる」ではなく、「わかっている」という状態の意味の「わかる」である。「わかった！」という瞬間的な意味の「わかる」は understand を使って表す。よって、次の文は、

I understood why hard rock is hard.

「ハードロックがなんでハードかわかった！」という「わかった瞬間」を意味するのに対して、次の文は、

I know why hard rock is hard.

「ハードロックがなんでハードなのかわかっている」という「わかっている

状態」を意味している。瞬間的な「わかる」が understand で継続性のある「わかる」が know である。

英文 53

All I know is that I care about this problem. And I want to make it better.

意訳 ────────────────

私にわかっていること、それは、私はこの問題に関心があるということです。私は、事態をよりよい方向にもっていきたいのです。

（単語のチェック）care about ~「〜に関心がある」

解釈と訳のポイント

1つ目の文の主語は All I know であり、動詞は is である。主語の All I know の All と I の間に関係代名詞の that を補って解釈してやるといい。

さて、この主語 All I know であるが、All がついていることからわかるように、意味的には複数である。でも、動詞は is で単数である。このように、主語に all があっても主語が単数扱いされることがある。次の例もその一例である。

All I want is your love.
（俺に必要なのはお前の愛だけだ）

その一方で、次の例にみられるように、主語に all があって複数扱いされることもある。

All answered yes.
（全員が賛成した）

この文の主語 All は、All the people who were present とパラフレーズでき、あきらかに主語 All は複数扱いされている（関係節内の動詞 were が複数形であることに注意）。

このように、主語に all がある場合、単数扱いされることもあれば複数扱いされることもある。

豆知識

　1つ目の文の補語が that 節になっている。that 節は、次の例にも示されるように、be 動詞の補語になれるが、

The fortunate part about the earthquake was that we had earthquake insurance.
（地震があったけど不幸中の幸いだったのは、地震保険に入っていたことです）

What surprised me most was that Mr. Hatakeyama does not have a passport.
（すごくびっくりしたのは、ハタケヤマさんがパスポートをもっていないということです）

次の例にみられるように、

The fact is (that) she's Korean.
（実は彼女、韓国人なのです。）

The fact/truth/reason is ... のときは接続詞の that はよく省略される。主語にどんな名詞が使われるかにより、補語を導く接続詞の that がついたりつかなかったりする。

Hatakeyama's Comments

政治的な観点からはもとより、社会的な観点からも、つまりありとあらゆる観点から、差別や偏見のない表現を定着させよう ── このようなスローガンのもとに生まれたのがポリティカル・コレクトネス（political correctness）である。

ポリティカル・コレクトネスは男女差別を助長させかねない表現にも適用され、性を意識させる表現はそうでない表現へと言い換えが進められている。

たとえば、businessman は businessperson に言い換えられ、chairman（議長）は chairperson に言い換えられ、そして key man は key person に言い換えられた。さらに、policeman は police officer に、fire man は fire fighter に言い換えられた。

同じようなことが日本語にも見られる。たとえば、看護婦や看護士は看護師に言い換えられ、スチュワーデスやスチュワードはキャビンアテンダントや客室乗務員に言い換えられた。助産婦も助産師に言い換えられた。

ジェンダー平等はことばの世界にも見られる。

英文 **54**

And having seen what I've seen — and given the chance — I feel it is my duty to say something.

意訳

自分がこれまで見てきたものを理解し、スピーチの機会を与えられたことにより、私は、何かを伝えることが私の責務だと感じているのです。

単語のチェック　duty「（法律的・道義的な）義務」「（当然なされるべき）職務」

解釈と訳のポイント

本文は主節と従属節からなり、主節は I feel it is my duty to say something で、従属節は having seen what I've seen—and given the chance—である。そして、その従属節が 2 つの分詞構文 having seen what I've seen と given the chance からなっている。それぞれの分詞構文についてみてみよう。

まず、having seen what I've seen であるが、意訳の「私がこれまで見てきたものを理解し」をみてわかるように、1 つ目の seen は「わかる」の意味の see で、2 つ目の seen は「見る」の意味の see である。また、what I've seen は、エマがこれまでザンビアやバングラディシュで目にしてきたことを指している（p. 38 の Hatakeyama's

Comments を参照）。つまり、what I've seen は、53 にある All I know is that I care about this problem の this problem のことであり、それはほかならぬ、ジェンダー不平等の現実のことである。

さて、この１つ目の分詞構文 having seen what I've seen であるが、これはもともと、理由の接続詞 as をともなった as I have seen what I've seen のようなものだった。主語の I が主節 I feel it is my duty to say something の主語 I と同じなので、接続詞の as だけでなく主語の I も省略される。そして have を現在分詞の having にすると本文の分詞構文 having seen what I've seen ができあがる。

もう１つの分詞構文 given the chance であるが、これはもともと、同じく理由の接続詞 as を使えば、as I was given the chance のようなものであった。主語の I が主節 I feel it is my duty to say something の主語 I と同じなので接続詞の as だけでなく主語の I も省略される。was を現在分詞の being にするが being は通常省略される。そうやってできたのが本文の分詞構文 given the chance である。

分詞構文のつくり方を再確認しておくようにしよう。

> **豆知識**
>
> 　　　動詞 feel は、次のように that 節をとることができれば、
>
> I felt that her behavior was selfish.
> （彼女の行動が自己チューな気がした）
>
> 次にあるように、to 不定詞節をとることもできる。
>
> I felt her behavior to be selfish.
>
> よって、本文の次のものも、
>
> I feel (that) it is my duty to say something.
>
> 次のようにすることができるが、
>
> I feel it to be my duty to say something.
>
> これだと to 不定詞節が２つ続いてしまい読みにくい。そこで本文では、

feel の目的語として that 節をとらせているのであろう。

また、エマ自身は、23 でも見たように、まだ恵まれた環境で生活していることもあり、自分自身がそんなにジェンダー不平等を経験しているわけではない。エマは、自分の経験だけでなく、ほかの女性たちの経験や境遇を見聞きするなかで、客観的に「何か言うのが私の義務だわ」と感じているのである。そのような（自分の経験だけでなく他人の経験をも踏まえた）客観性を出したく、ここでは to 不定詞ではなく that 節を使っているともいえる。

英文 55

English Statesman Edmund Burke said: "All that is needed for the forces of evil to triumph is for enough good men and women to do nothing."

意訳

イギリスの政治家エドマンド・バークは次のようにいっています。「悪の力が勝利するのに必要なのはただ 1 つ、それなりの数の善良な男と女が何もしないことだ。」

(単語のチェック) statesman「政治家」 Edmund Burke「アイルランド生まれのイギリスの政治家であり政治思想家。生誕 1729 年 1 月 12 日―死没 1797 年 7 月 9 日」 force「（影響力のある）勢力」 evil「邪悪」「悪」 triumph「（長い戦いの末）勝利を収める」

解釈と訳のポイント

本文の引用部分に注目してもらいたい。主語は All that is needed for the forces of evil to triumph で動詞は is である。主語 All that is needed for the forces of evil to triumph で All の後ろに関係代名詞の that が使われているが、関係代名詞の that については 27 を参照されたい。また、主語に all があるものの単数扱いになっていることについては 53 を参照されたい（ここで動詞が複数の are ではなく単数の is に

なっていることに注意）。

さて、本文であるが、for the forces of evil to triumph と for enough good men and women to do nothing を見てわかるように、for 人 to do（人が○○する）の形が2回使われている。同じ形の表現が繰り返されることにより、文にリズムが生まれ、読者の心にメッセージが深く刻み込まれるようになっている。

> **豆知識**
>
> 　　　本文では「政治家」を意味する語として statesman が使われている。年配の人は、若い頃、「statesman は政治家を意味し、politician は政治屋を意味する」と学校で習ったかと思う。でも現在では、「政治家」の意味で普通に politician が使われる。ただ、A politician thinks of the next election: a statesman, of the next generation.（政治屋は次の選挙のことを考え、政治家は次の世代のことを考える）の例に代表されるように、世のため人のために働く議員を指して statesman とよび、自分の（党の）利益しか考えない自己チューな議員を politician とよぶことが今でもある。

英文 56

> In my nervousness for this speech and in my moments of doubt I've told myself firmly — if not me, who, if not now, when.
>
> **意訳**
>
> 今回スピーチをするにあたり不安になって、私がやっていいのだろうかと思い悩みましたが、私は自分に強く言い聞かせたのです。私がやらなかったら誰がやるの、今やらなかったらいつやるの、と。

(単語のチェック) nervousness「神経過敏」「不安」　doubt「疑念」　firmly「きっぱりと」「かたく」

文頭にある2つの前置詞句 in my nervousness for this speech と in my moments of doubt は、いずれも、I've told myself firmly—if not me, who, if not now, when を修飾している。また、I've told myself firmly—if not me, who, if not now, when の途中にあるダッシュは接続詞 that の代わりとして使われている。ここでは、自分に言い聞かせたいこと、つまり if not me, who, if not now, when に注目してもらいたくて、それで接続詞の that の代わりにあえてダッシュを使っているのである。

I've told myself firmly—if not me, who, if not now, when であるが、述部副詞の firmly は、もともと I've の後ろ（つまり have と過去分詞 told の間）にあった。というのも、「have＋α＋過去分詞」の α は述部副詞の定位置であるからだ。でも、33 で見たように、文末も述部副詞の定位置である。よって、本文のように firmly を文末に置くことは何ら問題がない。でも、なぜわざわざ文末に置いたのであろうか。

文末焦点の原理により（02, 09, 21, 32 参照）、文末に firmly を置くと、この firmly にスポットライトが当てられる。つまり、ここに読者の関心を集めることができる。また、上で見たように、本文では、接続詞の that の代わりにダッシュを使うことにより、動詞 told の目的語（つまり if not me, who, if not now, when）にスポットライトが当てられる。このことからわかるように、この文では、firmly と if not me, who, if not now, when の2箇所にスポットライトが当てられているのである。「この2箇所に注目してよ！」というエマの思いを感じとりたいところである。

豆知識

　　本文の文末にある if not me, who, if not now, when であるが、if not me, who にしても if not now, when にしてもどちらの文も修辞疑問文である。if not me, who, if not now, when についてみてみる前に、まずは「修辞疑問文とは何か」についてざっくりとみておこう。

次の2つの文をみてみよう。

What's the use of worrying?
How can I take your picture if you don't hold still?

1つ目の文は普通に訳すと「心配してどうなるというのか？」となるが、これは形こそ疑問文だが実際は「心配したってどうしようもない」という意味の平叙文である。同じく、2つ目の文は普通に訳すと「じっとしてくれないのであればどうやったら君の写真を撮れるというのだろうか？」となるが、これも形こそ疑問文だが実際は「じっとしてくれないと写真撮れねぇよ！」という意味の平叙文である。このように、形こそ疑問文だが意味的には平叙文のものを修辞疑問文という。

修辞疑問文は、意外と、身近なところでよく見かける。いくつか例をみてみよう（『表現英文法（第2版）』（コスモピア）を参照）。

Who do you think you're talking to?
（誰と話をしていると思ってんだよ！）

Who do you think I am?
（俺を誰だと思ってんだよ！）

Are you kidding?
（冗談いうなよ！）

So what?
（だから何だっていうんだよ！）

Any complaints?
（なんか文句あんの？あるわけねぇよな？）

上で紹介した修辞疑問文の例からもわかるように、修辞疑問文が肯定文のとき、その修辞疑問文は強い否定の意味の文になり、修辞疑問文が否定文のときは、その修辞疑問文は強い肯定の意味の文になる（『現代英文法講義』（開拓社）を参照）。よって、次の肯定の修辞疑問文は、

Who knows?

否定の意味合いの強い No one knows と意味的に同じになり、次の否定の修辞疑問文は、

Who doesn't know?

肯定の意味合いの強い Everyone knows と意味的に同じになる。

では、本文の if not me, who, if not now, when について見てみよう。まず 1 つ目の if not me, who であるが、これは「私がやらなければ誰がやるの？」と訳せるが、「私しかやる人いないでしょ！」が真意である。同じく 2 つ目の文も「今やらなければいつやるの？」と訳せるが、「やるなら今でしょ！」が真意である。

林修氏の「いつやるか？今でしょ！」の「いつやるか？」も修辞疑問文である。

Hatakeyama's Comments

1985 年に男女雇用機会均等法が制定され、翌年 1986 年に施行された。性別を理由に雇用や解雇、そして採用や配置で差別してはならないことを規定している。ポリティカル・コレクトネスで性差別的な表現がそうでない表現に言い換えられるようになったのは、この男女雇用機会均等法が制定されたことによる。

男女雇用機会均等法が 1986 年に施行されたときは、禁止事項の多くはたんなる努力規定であった。しかし、1999 年に改正されると禁止規定になった。2007 年のさらなる改正では、出産や育児を理由に不当な扱いをしてはならないことや、セクシャル・ハラスメントの禁止なども規定されるようになった。2017 年の改正になると、マタニティ・ハラスメントの禁止規定も盛り込まれるようになった。

男女雇用機会均等法は女性の自由な労働を後押しするものであり、また、きたるべき労働人口不足の解消の 1 つの解決策にもなっている。

英文 57

If you have similar doubts when opportunities are presented to you I hope those words might be helpful.

意訳

私のような機会が皆さんにも与えられ、そして私と同じような不安にかられたのであれば、私がいま言ったことばが皆さんの助けになればと思っています。

単語のチェック helpful「助けになる」「役に立つ」

解釈と訳のポイント

本文は従属節の if 節 If you have similar doubts when opportunities are presented to you と主節の I hope those words might be helpful からなる。しかも従属節の if 節は、さらに、主節の you have similar doubts と従属節の when opportunities are presented to you からなっている。

従属節の If you have similar doubts when opportunities are presented to you であるが、doubts の後ろに to mine を補って解釈してやるとよい。similar を見かけたら、何と何が似ているのか考えるようにしよう。similar も一種の比較表現であるが、とにかく、比較を意味する表現が出てきたら、何と何を比較しているのか常に考えるようにしよう。

if 節内の従属節 when opportunities are presented to you にある opportunity については 36 を参照。

では、主節の I hope those words might be helpful についてみてみよう。まず、I hope の目的語 those words might be helpful であるが、helpful の後ろに to you を補って解釈してやるとよい。helpful を見かけたら、とにかく、誰にとって役に立っているのか考えるようにしよう。

さて、those words might be helpful の those words であるが、これはいったい何を指しているのだろうか。56 の if not me, who, if not now, when を指している可能

性もあれば、55 の "All that is needed for the forces of evil to triumph is for enough good men and women to do nothing." を指している可能性もある。また、これら 2 つを指している可能性もある。意訳では、これらすべての可能性があることをほのめかして「私がいま言ったことば」としている。

ところで、本文の those words がなぜ 55 の "All that is needed for the forces of evil to triumph is for enough good men and women to do nothing." を指しているといえるのだろうか。理由を簡単に説明しよう。

まず、本文の従属節の if 節 If you have similar doubts when opportunities are presented to you は、56 の In my nervousness for this speech and in my moments of doubt に対応している。より具体的にみてみると、本文の similar doubts は 56 の in my moments of doubt（のとくに doubt）に対応し、本文の opportunities は 56 の In my nervousness for this speech（のとくに this speech）に対応している。

本文の similar doubts が 56 の in my moments of doubt（のとくに doubt）に対応していることからわかるように、その内容は、52 の I don't know if I am qualified to be here.（私にはここにいる資格がはたしてあるのか、私にだってわからないのです）である。つまり、エマがずっと自問してきたことを指している。本文の similar doubts は、これらのことから、「私に発言するだけの資格があるのだろうか」といったことを意味しているのがわかる。また、本文の opportunities が 56 の In my nervousness for this speech（のとくに this speech）に対応していることからわかるように、その内容は、人前で発言する機会のことである。

ここまでの話からわかるように、本文の if 節 If you have similar doubts when opportunities are presented to you は、「（ジェンダー平等について）発言する機会が与えられるにしても、（エマ自身が自問したように）私にその資格があるのだろうか……」という意味になる。このような疑念が生じたとき、エマの不安な気持ちを払拭してくれ、さらにエマの背中を押してくれたのが、ほかならぬ、55 の次のことばであった。

"All that is needed for the forces of evil to triumph is for enough good men and women to do nothing."

（悪の力が勝利するのに必要なのはただ 1 つ、それなりの数の善良な男と女が何もしないことだ）

このようなことを考えると、本文の those words は、56 の if not me, who, if not now, when だけでなく、55 の "All that is needed for the forces of evil to triumph is for enough good men and women to do nothing." も指しているといえるし、むしろ、55 の "All that is needed for the forces of evil to triumph is for enough good men and women to do nothing." のほうをとくに指しているともいえる。

代名詞が出てきたら、何を指しているかよく考えないといけない。同じように、「this/that/these/those＋名詞」といったものが出てきたときも、何を指しているのかよく考えないといけない。

本文で wish ではなく hope を使い、そして chance ではなく opportunity を使っているのはちゃんと理由があってのことである。使われている単語から書き手のホンネを探り出し、書き手の真意に迫れるようにしよう。

英文 58

Because the reality is that if we do nothing it will take 75 years, or for me to be nearly a hundred before women can expect to be paid the same as men for the same work.

意訳

というのも、私たちが何もしなければ、男性と同じ仕事をして男性と同じだけお金をいただけるのに、あと 75 年も必要だからです。それまでに私は 100 歳近くになってしまいます。これが現実なのです。

(単語のチェック) reality「現実」「現実に存在するもの」

解釈と訳のポイント

本文の次のところに注目してもらいたい。

… it will take 75 years, or for me to be nearly a hundred before women can expect to be paid the same as men for the same work

途中に or for me to be nearly a hundred とあるが、これは it will take 75 years の言い換えである。つまり、「今から 75 年たったら、そのときは私 100 歳になっちゃっているよ！」ということを伝えているのである。or for me … の or は「すなわち」の意味の or である。

「○○するまでに 75 年かかる」の「○○するまでに」に相当するのが before 以下である。よって、本文はもともと次のような文であり、

… it will take 75 years before women can expect to be paid the same as men for the same work

75 years の後ろに or for me to be nearly a hundred が挿入句的に入り込んで本文ができあがっているのである。

なお、before 以下であるが、次に示されるように、省略された語を補って解釈してやるとよい（補足された語をカッコ内に入れてある）。

… before women can expect to be paid the same (salary) as men (are paid) for the same work (as men do)

ところで、動詞 take であるが、本文のように「○○時間かかる」の意味でよく使われる。次に示されるように、使い方にいくつかパターンがある。

It took me three months to write this paper.
It took three months for me to write this paper.
This paper took me three months to write.
I took three months to write this paper.
（この論文を書くのに3ヶ月かかった）

どのパターンも使えるようにしておこう。

豆知識

本文の or for me to be nearly a hundred のところに注目してもらいたい。ここでは「約」の意味で nearly が使われているが、ここで、ざっくりとではあるが、概数を表す表現についてみておこう。

「約」の意味でよく使われる単語に about がある。「約」といえども、数字の端数を端折って数値をざっくりと紹介するときに使われる。about はカジュアルなニュアンスのある語ということもあり、会話などで普通に、そしてよく使われる。たとえば、「まあそんなところだな」も about を使って、That's about it ということができる（『日本語から引ける英語類語使い分け辞典』（創拓社）を参照）。

日本語で「アバウトな性格」や「アバウトなヤツ」といった感じで「アバウト」がよく使われるが、この「アバウト」は「端数を端折る」とか「約」の意味ではなく「おおざっぱ」の意味である。日本語の「アバウト」は和製英語である。日本語の「アバウト」と英語の about は似て非なるものである。

about がカジュアルでインフォーマルな感じの語であるのに対して、approximately はフォーマルな感じのする語である。インフォーマルな場でフォーマルな語である approximately を使うと場違いだし、フォーマルな場でインフォーマルな語である about を使うとこれまた場違いである。TPO に応じて about と approximately を使い分けられるようにしておこう。

さて、本文で使われている nearly であるが、nearly は、仮にテストで 67 点をとった場合、そのときは I scored nearly 70 on the test. といえるが、71 点をとったときは I scored nearly 70 on the test. とはいえない。つまり、nearly は「あともうちょっとで」といったニュアンスをもつ表現であるのだ。

エマは 1990 年 4 月 15 日生まれである。国連でスピーチをしたのは 2014 年 9 月 20 日である。よって、スピーチをしたとき、エマは 24 年 5 ヶ月生きていることになる。つまり、エマが生まれて nearly 25 years 経ってスピーチをしたことになる。だからこそ、スピーチから 75 年経つとエマはその時点で nearly a hundred の年齢になっていることになるのだ。

最後にもう 1 つだけ、「約」のニュアンスをもつことばについてみておこう。「アラフォー（around forty）」ということばがあるが、これは 40 歳前後の人のことをいう。つまり、四捨五入したら 40 歳になる人をいう。このように around は「前後」の意味合いをもつ。よって、「室温を 20 度前後に保つ」は keep the room temperature around 20℃ ということができる（『英語の数量表現辞典』（研究社）を参照）。ちなみに「アラフォーの女」は a woman of around forty というのに対して、「40 歳代の女」は a woman in her forties という（『辞書のすきま、すきまの言葉』（研究社）

を参照)。

「約」を意味する英語にはいろいろある。それぞれの語のもつ個性を理解した上で、「約」を意味する単語を使いこなせるようになろう。

英文 59

15.5 million girls will be married in the next 16 years as children.

意訳

私たちが何もしなければ、向こう 16 年で、1550 万人の少女たちがまだ子どものうちに結婚させられてしまうのです。

（単語のチェック）million「100 万」

解釈と訳のポイント

意訳の「まだ子どものうちに結婚させられてしまうのです」を見てもわかるように、文末にある as children は will be married を修飾している。よって、本文はもともと次のような文で、

15.5 million girls will be married as children in the next 16 years.

前置詞句 as children が、次に示されるように、文末に移動させられてできているのである。as children がもともとあった場所を下線で示し、文末に移動させられた as children をカッコで括っている。

15.5 million girls will be married ＿＿＿ in the next 16 years [as children].

なぜ前置詞句 as children を文末に移動させているのだろうか。

02, 09, 21, 32, 56 で既に見たように、英語では、文末に焦点が当てられる。

文末焦点の原理：

英語では、文末に文の焦点となるものがくる。

in the next 16 years ではなく as children にスポットライトを当てたくて、それでわざわざ as children を文末に移動させているのである。「まだ子どもなのに結婚させられてしまうんだよ！」というエマの強いメッセージを感じとってもらいたいところである。

文法を駆使すると、書き手のホンネが見えてきて、ワンランク上の解釈ができるようになる。

豆知識

　　本文にある will be married についてみてみることにしよう。まず、次の文をみてもらいたい。

I will be married.
（もうすぐ結婚します）

I am married.
（結婚しています／既婚者です）

I was married.
（かつて結婚していたけど（離婚したので／配偶者を亡くしたので）今は独身です）

I have been married.
（結婚して（しばらく経って）います）

対訳からわかるように、be married は「結婚している」という状態を表す。「結婚させられる」という受け身の意味はない。つまり、be married の married は形容詞である。

ただ、そうはいうものの、marry はもともと他動詞だったこともあり、

I wanna marry Sarah.
（俺、サラと結婚したいな）

のようにいえるし、「親が子どもを〇〇と結婚させる」の意味で次のように
いうこともできる。

He married his daughter to a rich doctor.
（彼は自分の娘を金持ちの医者と結婚させた）

つまり、marry を「（無理やり）結婚させる」の意味で使うことができる。
さらに、次の文に見られるように、

John and Mary were married by Father Brown.
（ジョンとメアリーはブラウン神父によって結ばれた）

使われる状況は限られているが、受動文にすることもできる（『ロイヤル英
文法』（旺文社）を参照）。

さて、他動詞 marry の意味や使い方についてわかったところで、本文の
15.5 million girls will be married in the next 16 years as children.
について見てみよう。意訳の「まだ子どものうちに結婚させられてしまう
のです」からわかるように、ここでは be married を受け身として捉えて
いる。文脈を考え、ここでは「結婚している」という状態読みではなく、
あえて「結婚させられる」という（被害を含意する）受け身の意味で解釈
している。

「結婚する」を意味する marry であるが、上で見たように、これは他動詞
であるので目的語をダイレクトにとる。よって、「オレ、ミサと結婚するん
だ」は次のようになり、

I will marry Misa.

次のようにはならない。

×I will marry with Misa.

ただ、get married を使うと、次の例が示すように、前置詞 to を必要とする。

I am getting married to Misa.

ただ今では、get married to ~ はほとんど使われていないようだ（『ネイティブが使う英語・避ける英語』（研究社）を参照）。

なお、「離婚する」も、次の例に見られるように、「結婚する」と同じように使われる。

Nancy divorced her hasband.
（ナンシーは旦那と別れた）

蛇足ではあるが、プロポーズするときに口にするのが次のことばである。

Will you marry me?

次のようにプロポーズしたら、

Will you marry with me?

「この人英語できないんだ……」と断られるかもしれない。プロポーズされた側が英語に精通していれば……の話であるが。

英文 60

And at current rates it won't be until 2086 before all rural African girls will be able to receive a secondary education.

意訳 ————————————

さらに、私たちが何もしなければ、現状では、2086 年にならないと、すべてのアフリカの田舎の少女たちは中等教育を受けられるようにはならないのです。

（単語のチェック）rural「田舎の」　secondary education「（中学校・高校での）中等教育」

解釈と訳のポイント

本文の意味を考える前に、まず、次の文の意味を考えてみよう。

It won't be long before he will go back home.

（彼が帰るのにそんなに時間はかからないだろう）

では、上の文の long を until 5 に換えた次の文についてみてみよう。

It won't be until 5 before he will go back home.

これは「彼は 5 時までには帰らないだろう」と訳せるが、結局、「彼は 5 時にならないと帰らない」ということを意味している。

これらのことからわかるように、it won't be ○○ before △△ は「○○にならないと△△しない」という意味になる。さらにいうと、「△△するようになるのは○○になってからである」という意味になる。

本文は、まさに、この it won't be ○○ before △△ のパターンの文である。そこで、意訳では、上の意訳のコツにならって、「2086 年にならないと、すべてのアフリカの田舎の少女たちは中等教育を受けられるようにはならない」としている。

つまり、本文は次の英文のようにパラフレーズでき、

All rural African girls will not be able to receive a secondary education until 2086.

結局「すべてのアフリカの田舎の少女たちが中等教育を受けられるようになるのは 2086 年になってからである」ということを意味しているのである。

豆知識

　　　before 節の中にある all rural African girls に注目してもらいたい。とくに rural に注目してもらいたい。rural に似た単語に rustic と pastoral があるが、本文の rural を rustic や pastoral に置き換えることはできるのだろうか。

rural は田舎の素朴な感じに焦点を当てた表現である。田舎のもつのどかな風景が rural から感じられる。通常、田舎に対していいイメージをもっているときに使われる。一方、rustic は、田舎のもつ単純さや粗野な感じに焦点が当てられ、都会のもつ洗練された雰囲気と対比されてよく使われる。

このことからわかるように、rustic には田舎を見下した感じが少なからず
ある。残る pastoral であるが、pastoral にはフォーマルな感じがあり文
語的でもある（『英語語義語源辞典』（三省堂）を参照）。

スピーチの内容などを総合的に考えて、ここでは rural を使うべくして使っ
ているといえよう。

Hatakeyama's Comments

世界経済フォーラムは、毎年、各国における男女格差を示すジェンダーギャップ
指数（Gender Gap Index）というものを発表している。これは「健康と生存率」
と「教育」、そして「経済活動への参加と機会」と「政治への参加」の4つの領域
において、男女格差がどれくらいあるかを測ったものである。2019 年の調査に
よると、日本は、153 カ国中、なんと、121 位である。日本はとくに「経済活動
への参加と機会」と「政治への参加」の領域で評価が低い。前者は男女間の賃金
格差がその原因であり、後者は女性の国会議員の数の少なさがその原因である。
ジェンダーギャップ指数を見る限り、日本は世界的に見てもジェンダー平等から
はほど遠い国といえる。

英文 61

If you believe in equality, you might be one of those
inadvertent feminists I spoke of earlier.

意訳

もしあなたが平等というものを信じているのであれば、あなたもまた、先
ほど私がいった無自覚のフェミニストの1人といえるかもしれません。

単語のチェック speak of 〜「〜のことを言う」

本文の if 節では動詞句 believe in が使われている。ここは believe ではなく believe in を使わないといけない。believe と believe in の違いについて見ておこう。

believe は、「信じる」は「信じる」でも、「あなたのいっていることを信じる」や「あなたは正しいことをいっている」という意味での「信じる」を意味する。believe は、また、I believe it will snow today.（今日は雪になるんじゃないかな）に見られるように、think（思う）の意味でもよく使われる。

believe in は、「実在すると思う」という意味の「信じる」を意味する。したがって、実在性が問われる UFO や神、さらにはおばけやサンタクロースといったものを問題にするときに使われる。また、「あなたを信頼している」や「あなたの（潜在）能力を信じている」という意味での「信じる」も意味する。たとえば、I believe in myself.（オレは自分でできる人間だと思っているぜ）といった感じで使われる。

believe と believe in の違いがわかると、I believe you は「君のいっていることを信じる」を意味するのに対して、I believe in you は「君はできる人だと思っている」を意味することもわかるであろう。

さて、本文の If you believe in equality であるが、ここの equality は「ジェンダー平等」のことである。本文はジェンダー平等の存在そのものを問うている。よってここでは、believe ではなく believe in でないといけない。

豆知識

　　本文の最後に I spoke of earlier とあるが、これは 28 でいわれていることを指している。さて、ここで動詞 speak が使われているが、同じような意味の単語だからといって、ここで talk を使うことはできない。なぜだろうか。

speak は「ことばを話す」を言い表す一般的な語である。speak も talk も同じような意味ではあるが、いくつか大きな違いがある。たとえば、speak はおもに不特定多数の人に対して情報を伝えるときに使われるのに対し、talk は、くだけた内容の話を打ち解けた少人数の人の間でするのに

使う（『ネイティブが教える　英語の動詞の使い分け』（研究社）を参照）。

国連のスピーチは打ち解けた少人数の人の間で行われるものでもなければ、ましてやエマのスピーチの内容はくだけてはいない。また、エマは国連の場を通じて、世界中の不特定多数の人に向けて自説という「情報」を伝えている。

このことからわかるように、「ことばを話す」を意味するからといって、本文で talk を使ってしまうとアウェー感がハンパない。ここでは speak を使うべくして speak を使っているのである。

さて、本文の主節 you might be one of those inadvertent feminists I spoke of earlier で助動詞の might が使われていることに注意されたい。人によっては、「あなたは自分で気づいていないかもしれないけど、実はフェミニストなのよ！」といわれて嫌な気分になる人もいるであろう。そこで、断定口調を避け、ソフトで控えめな言い方にするために、ここでは助動詞の might を使っているのであろう。

ちなみに、might を使った場合、「かもしれない」の度合いというか程度は 40％ ぐらいになる（『中学英単語でいきなり英会話』（永岡書店）を参照）。よって本文をパラフレーズすると、「もしあなたが平等というものを信じているのであれば、あなたもまた、先ほど私がいった無自覚のフェミニストの 1 人といえる可能性が 40％ ほどあるのです」となる。

助動詞 might の可能性が 40％ であるのに対し、could だと 20％ ぐらいになる。may なら 50％ ぐらいの可能性があるのに対して、can だと 60％ ぐらいの可能性になる。助動詞を見かけたら、その背後に数値が透けて見えるぐらいになるといい。

英文 62

And for this I applaud you.

意訳 ─────────────────────────

そうであるのならば、私はあなたに拍手を送ります。

単語のチェック applaud「拍手する」「拍手してほめる」

解釈と訳のポイント

本文はもともと次のような文で、

And I applaud you for this.

文末にある for this が、次に示されるように、文頭に動かされたのが本文である。for this がもともとあった位置を下線で示し、文頭に動かされた for this をカッコで括っている。

And [for this] I applaud you ___.

既に 20, 23, 36, 42 で見たように、文頭は「話のツカミ」ならびに「話のネタフリ」の場所である。for this の this は、61 の「あなたが無自覚のフェミニストになること（you might be one of those inadvertent feminists I spoke of earlier）」を指している。本文は、直前の 61 を受けて、「さっきいった無自覚のフェミニストだけど、もしあなたがそれになるのなら、私はあなたに拍手しちゃうから！」といったニュアンスの文になっているのだ。

> **豆知識**
>
> 　　本文は、意味的には、「このことに対して、私は称賛を送ります」ということを表しているが、ニュアンス的には、「もしあなたが無自覚のフェミニストになってくれるのなら、私、あなたに拍手しちゃうから！」といったことを意味している。
>
> このことからわかるように、そして意訳の「そうであるのなら」からわか

るように、文頭に動かされた for this は if 節のはたらきをしている。つまり、前置詞句 for this は if 節 if you might be one of those inadvertent feminists I spoke of earlier（ないし if you believe in equality）の機能をはたしている。

前置詞句が if 節のはたらきをしているものはよくある。たとえば、次の文にしても（『英文法解説』（金子書房）を参照）、

I would have been in real trouble but for your support.
（あなたの支えがなければ僕は本当に窮地に追い込まれていたよ）

前置詞句 but for your support が if it had not been for your support と同じ機能をはたしている。また、次の文にしても、

I think that picture would look better on the other wall.
（その絵、別の壁にかけたほうがもっと見栄えがいいと思うな）

前置詞句 on the other wall が if you hung it on the other wall と同じはたらきをしている。

if 節は姿を変えて現れることがよくある。変身した if 節に要注意である。

英文 **63**

We are struggling for a uniting word but the good news is we have a uniting movement. It is called HeForShe.

意訳 ————————————————

皆さんを 1 つにまとめることばを探してはいるもののなかなか見つかりません。でも、幸いなことに、皆さんを 1 つにまとめる運動ならあります。それが HeForShe です。

単語のチェック struggle for ~「（～を得ようと）奮闘する」（例：John struggles for a living.

（ジョンは生活のために奮闘している）） uniting「（2つ以上のものを）結合する」「団結させる」

1つ目の文が主語 we ではじまっているので、2つ目の文も、次のように、主語 we ではじめたって問題がない。

We call it HeForShe.

でも、動詞 call の目的語 it を主語にして、2つ目の文はあえて受動文で書かれている。なぜだろうか。それは、1つ目の文が a uniting movement で終わり、それを受けて次の文を書きたかったからだ。そうするためには、a uniting movement を指す代名詞 it を主語にした文を書くしかない。つまり受動文で書くしかない。主語を何にするかは直前の文によって決まり、主語を何にするかによって文のタイプも決まってくるのだ。

豆知識

　　本文の We are struggling for a uniting word ... に注目してもらいたい。We are struggling の struggling も a uniting word の uniting も現在分詞である。現在分詞は、このように、進行形の文で動詞として使うこともできれば、名詞を修飾する形容詞として使うこともできる。

では、現在分詞が形容詞として使われるケースについてみてみよう。本文にある uniting のように、現在分詞がもともと他動詞のときは、「〜させる」や「〜する」の意味で使われる。よって本文は、「（みんなを）結びつけることば」といった意味になる。一方、現在分詞がもともと自動詞のときは、developing countries（発展途上国）に見られるように、「〜している」という進行や継続の意味になる。

英文 **64**

I am inviting you to step forward, to be seen to speak up, to be the "he" for "she". And to ask yourself if not me, who? If not now, when?

意訳

皆さんには足を前に一歩踏み出していただき、そうして声を上げている皆さんの姿が見えるようにしていただいて、「女性」のための「男性」になっていただきたいのです。そして自問自答していただきたいのです。私がやらなければ誰がやるの、今やらなければいつやるの、と。

（単語のチェック）speak up「思い切って率直に意見を述べる」

解釈と訳のポイント

本文は 3 つの文からなっているが、次の 2 つ目の文を見てもらいたい。

And to ask yourself if not me, who?

動詞 ask は、次の例に見られるように、「～かどうか」の意味の if をよくとる。

I asked John if he knew the truth.
（ジョンが本当のことを知っているのかどうか尋ねた）

でも、本文にある if は「～かどうか」を意味する if ではない。56 に出てきた if not me, who, if not now, when の if である。

本文の 3 つ目の文 If not now, when? は、56 の if not me, who, if not now, when の後半部分に相当する。よって、本文の 2 つ目の文と 3 つ目の文は 1 つにして次のようにまとめることができる。

And to ask yourself if not me, who, if not now, when

ところで、上の文はどこかといっしょにすることができないだろうか。実は、1 つ目の文といっしょにすることができる。1 つにすると次のようになるが、

I am inviting you to step forward, to be seen to speak up, to be the "he" for "she" and to ask yourself if not me, who, if not now, when.

もうおわかりかと思うが、本文は、実は、4 つの to 不定詞節（to step forward と to be seen to speak up、そして to be the "he" for "she" と to ask yourself if not me, who, if not now, when）が等位接続された文であるのだ。等位接続については、13, 19, 42, 45, 49 を参照。

こうやって 1 つの文にするとわかるように、本文は、もともと、*α, β, γ* and *σ* の形をした典型的な等位接続詞の文になっている。本文で最後の *σ*（つまり And to ask yourself if not me, who? If not now, when?）だけ独立した文にしているのは、ほかならぬ、エマはこの部分を一番伝えたかったからだ。つまり、いったん「ため」を入れて聴衆を惹きつけ、その後に一番伝えたいものをもってきているのだ。

英文は、このように分解したり統合したりすることによって、はじめて、完全な解釈へと近づいていけるのである。

なお、… to be the "he" for "she" で定冠詞の the が使われているのは、'he' は 'he' でも女性が自由になれるために女性をサポートしてくれる 'he' に限定しているからだ。つまり、ジェンダー平等に理解のある「（無自覚の）フェミニスト」である男性に限定しているからだ。

> **豆知識**
>
> 本文の to be seen to speak up に注目してもらいたい。これは知覚動詞 see の受け身の文である。知覚動詞の受け身についてざっくりとみてみよう。
>
> 知覚動詞は、「知覚動詞＋目的語＋動詞の原形」のパターンと「知覚動詞＋目的語＋動詞の分詞形」のパターンの 2 つのパターンをとる。そして、前者のパターンは、動作の一部始終を見聞きしている状態を表すのに対し、後者のパターンは、動作の一部のみを見聞きしている状態を表す。
>
> 具体的に見てみよう。次の 2 つの文を見比べてもらいたい。

I saw her smoke a cigarette.

I saw her smoking a cigarette.

1つ目の文は、「彼女」がカバンからタバコの箱を取り出し、タバコを1本取り出しては火をつけ、そして目を閉じながらタバコの煙を肺に入れ、その後鼻の穴から白い煙を出し、最後にタバコの火を携帯灰皿で消し……といったように、タバコを吸う一連のプロセスを一部始終「私」が観察している状況を表している。一方、2つ目の文は、「彼女」が今まさにタバコをプカプカ吸っている、その瞬間を目にしている感じの文になっている。

知覚動詞のもつ2つのパターンの意味の違いがわかっただろうか。復習を兼ねてもう1つだけ例をみてみよう。次の2つの文を見比べてもらいたい。

I heard Yuji play the guitar.

I heard Yuji playing the guitar.

上の2つの文はいずれも、「ユウジがギターを弾いているのを聞いた」と訳せる。でも聞いている状況が違う。1つ目の文は「知覚動詞＋目的語＋動詞の原形」のパターンをとっているので、ユウジがギターを手にし、楽譜を開き、楽譜を目で追いながらイントロからアウトロまで弾いているのを聞いていた──という状況を表している。一方、2つ目の文は「知覚動詞＋目的語＋動詞の分詞形」のパターンをとっているので、ユウジが曲のあるフレーズを弾いているのを聞いていた──という状況を表している。

さて、いま上で見た2つの文を受動文にすると次のようになるが、

Yuji was heard to play the guitar.

Yuji was heard playing the guitar.

見てわかるように、受動文にすると、「知覚動詞＋目的語＋動詞の原形」のパターンでは不定詞の to が現れるのに対して、「知覚動詞＋目的語＋動詞の分詞形」のパターンでは不定詞の to が現れない。

本文の to be seen to speak up では不定詞の to が現れている。よって、声を張り上げてスピーチしているのを聴衆が一部始終見ている──といった

状況を表していることになる。本文がもし to be seen speaking up だっ
たら、声を張り上げてスピーチしているある1コマ（瞬間）を聴衆が見て
いる ── といった状況を表していることになる。

たかが知覚動詞されど知覚動詞。目的語の後ろに動詞の原形がくるか分詞
がくるかによって文の意味が変わってくる。さらに、受動文にしたとき、
不定詞の to が現れたり現れなかったりする。知覚動詞、何かと注意が必要
な動詞である。

英文 65

Thank you.

意訳 ────────────────────────────

ありがとうございました。

（単語のチェック） thank「（親切や好意などの）礼をいう」「感謝する」

解釈と訳のポイント

本文の Thank you は他動詞 thank とその目的語 you からなり主語の I が欠けてい
る。完全な文にすると I thank you になる。本文のように主語が省略されることが少
なからずある。いくつか例をみてみよう。

会話では、次に見られるように、1人称の代名詞 I が省略されることがある。以下、
省略されているものをカッコで示す。

(I) Beg your pardon.
（もう1度言ってもらえますか）

会話だと、次に見られるように、3人称の代名詞 he と she もしばしば省略される。

(He/She) Doesn't look very well.
（あまり顔色よさそうじゃないよね）

また、文頭にある It is も、次の例に見られるように、しばしば省略される。

(It's) Strange that Tom didn't show up for the class reunion.
（トムが同窓会に行かなかったなんてヘンだよね）

英語は主語を義務的にとる言語である。が、上のように、時と場合によっては主語
（と be 動詞）が省略される。

豆知識

　　　Thank you は感謝の気持ちを表すもっともスタンダードな表現である。フォーマルなニュアンスを出したければ、省略された主語の I を補って I thank you とすればよい。感謝の気持ちを強く伝えたいのであれば、very much や so much を付け加えて、Thank you very much や Thank you so much としてやるとよい。ただし、Thank you so much は女性が好んで使う言い回しなので男性が使うのはお勧めできない。

「ありがとうございました」の意味で Thank you を使うときは Thank を強く発音する。一方、「どういたしまして」の意味で Thank you を使うときは you を強く発音する。よって、誰かが「ありがとうございました」といい、それに対して別の誰かが「どういたしまして」というときは、2人とも Thank you を使うが、強く発音される箇所が異なる。前者は Thank を強く発音し、後者は you を強く発音する。

意訳の「ありがとうございました」を見てわかるように、ここでは、Thank you を素直に解釈して普通に訳している。でも、本文の Thank you を「終わり」や「以上」と訳せないこともない。というのも、Thank you for listening の意味で、結びのことばとして、演説やアナウンスの最後で Thank you を使うことがあるからだ。でも、エマの人間性やキャラ、そして国連という場でのスピーチということを考えると、ここは「終わり」や「以上」ではなく「ありがとうございました」と訳すのがベストである。

エマ・ワトソンの国連スピーチ

　私たちは、今日、HeForShe というキャンペーンを立ち上げます。皆さんの助けが必要でして、それで今こうやって皆さんに声をかけさせていただいているのです。私たちは性別による不平等をなくしたいのです。そのためには、皆さんに HeForShe に参加していただきたいのです。この手のキャンペーンは国連でははじめてのものです。そのようなこともあり、できるだけ多くの男性の方にジェンダー平等の賛同者になっていただきたいのです。そして私たちは、ジェンダー平等についてたんに話し合うのではなく、ジェンダー平等を実体あるものにしたいと思っています。

　私は 6 ヶ月前に UN Women 親善大使に任命されましたが、フェミニズムについて話せば話すほど、女性の権利を求めることがほとんど男性敵視につながるということに気づくようになりました。はっきりしていることは、そんな誤解はすぐにでも解くべきだということです。念のためにいっておきますと、フェミニズムとは、定義上、男性と女性が、同等の権利と機会をもつべくしてもつという信念のことです。つまりフェミニズムとは、性に関する、政治的、経済的、そして社会的な平等の理論のことなのです。

　私がジェンダーに基づく考えに疑問をもちはじめたのは、私が 8 歳のときでした。当時、親御さんに見せる劇を私がしきろうとしていたところ、そんな私をみんなは「えばっている」というのです。私は困惑してしまいました。男子はそういわれることはなかったのに。私は 14 歳のとき、一部のメディアに性的な対象として扱われるようになりました。そして 15 歳のとき、私の女ともだちは次から次へとスポーツクラブをやめるようになりました。「筋肉隆々」に見られたくないというのがその理由です。私が 18 歳のときは、私の男ともだちは、自分の感情を表に出すことが許されずにいました。自分がフェミニストであることに私は気づきました。ただ、フェミニストであることは、私にとって難しいことだとは思えませんでした。

　でも、最近調べてわかったのですが、どうもフェミニズムということばは評

判がよくないようなのです。私はどうも言い方がキツく、かなり攻撃的で、孤立していて、男に敵対心を抱いていて、しかも女として魅力的でない、そんな女性の1人だと思われているようなのです。フェミニズムということばは、なぜ、そんなにも耳障りの悪いことばになってしまったのでしょうか。私はイギリス出身ですが、男性と同じ仕事をしたのであれば、1人の女性として、男性と同じだけ賃金をもらえることは当然のことだと思うのです。また、自分で自分の体のことについて判断を下すことも当たり前のことだとも思うのです。

　自分のためにも、自国の政策や意思決定に女性が参加できるのは当然のことだと私は思います。社会的に私が、男性と同じだけの敬意を払われるのも当然のことだと思います。でも、悲しいことに、そういった権利がすべての女性に与えられている国なんて、この地球上には1つたりともありません。ジェンダー平等が達成できている国は、この地球上には、今なお、どこにも見つけることができないのです。これらの権利を私は人権だと考えていますが、私は女性の中でも恵まれた1人です。私の人生は本当に恵まれています。というのも、女だからといって、私は、それで両親から注がれる愛情が少なかったということはなかったからです。私が女の子だからといって、それで私の通っていた学校が私に制限を課すということもありませんでした。私の指導者にしても、いずれ私が子どもを産むからといって、それで私の成長が頭打ちになるなんて考えることもありませんでした。

　こういった人たちはジェンダー平等の大使であり、こういった人たちのおかげで今の私があるのです。彼らは気づいていないかもしれませんが、彼らは無自覚のフェミニストであり、そういった無自覚のフェミニストの人たちが今日の世界を変えていってくれています。そして、私たちはもっとフェミニストを必要としています。まだあなたが「フェミニスト」ということばを嫌っているのであれば……　大事なのは「フェミニスト」ということばではなく、そのことばのもつ理念と、その背後にある志です。なぜならば、私が手にしている権利と同じものを、すべての女性が手にできているわけではないからです。実際のところ、統計学的に見ても、ほんのわずかな女性しか私が手にしている権利を手にできていないのです。

　1995年にヒラリー・クリントンが女性の権利について北京で有名な演説をされました。残念なことに、ヒラリーが変えようとしたことの多くが、今なお現

実の問題として残っています。しかし、とくに私にとって印象的だったのは、ヒラリーの演説の出席者のうち、男性はたった3割しかいなかったということです。男と女の片方だけが会話に参加したところで、それでどうやって世界を変えていけるというのでしょうか。男性の皆さん、この場を借りて皆さんを正式にご招待したいと思います。

　ジェンダー平等は男性皆さんの問題でもあるのです。なぜならば、今日に至るまで、私は、社会において、親としての父親の役割が母親の役割よりも軽んじられているのを見てきたからです。子どものとき私は、母親の存在と同じくらい父親の存在を求めていたにもかかわらずです。精神的に病んでいる若い男の人たちがいます。でも彼らは誰かに助けを求めることができません。そんなことをすると、自分が「男らしく」ないと思われてしまうからです。私は、これまで、そういった若い男の人たちを目にしてきました。実際、イギリスでは、20歳から49歳までの男性の死因のトップが自殺なのです。交通事故や癌、そして心疾患をしのいで1位なのです。男の成功とはかくあるべきだという歪んだ考えのせいで、男性はもろく、そして自信喪失状態になっているのをこれまで見てきました。男性もまた、ジェンダー平等の恩恵を受けていないのです。男性が性の固定観念に縛られていることについて語るのはそう多くありません。でも、私にはわかるのです。実際に男性が性の固定観念に縛られ、そしてそういった固定観念から男性が開放されるのであれば、その結果として、女性にも変化が訪れるということを。

　社会に受け入れられるために男性が攻撃的であろうとする必要性がなくなれば、女性は男性に服従せざるをえないと思うこともなくなるでしょう。男性が女性を支配下に置く必要がなくなれば、女性は男性の支配下に置かれる必要もなくなってきます。男性も女性も、自分の気持ちに正直になって、他人のことを気づかえるようになってしかるべきでしょうし、男性にも女性にも、強くあっていい自由があってしかるべきでしょうし……　ジェンダーというものを、相反する2つの理想形とはみなさず、連続した幅のあるものとしてみるべきときにきているのです。私たち女性と男性は、それぞれを、本来の姿でないもので定義するのではなく、ありのままの姿で定義しはじめれば、私たち女性と男性は、もっと自由になれますし、それこそがHeForSheがめざしているものなのです。つまりHeForSheは、男性と女性が自由になること、そのことを目指し

ているのです。

　男性にもこの運動に加わっていただきたいのです。そうしていただければ、男性の娘さんも、妹さんやお姉さんも、そしてお母さんも偏見から逃れられることができ、そうなることによって、さらに、自分たちの息子さんたちも弱い自分をさらけ出すことができ、人間的になることもできるのです。つまり、一度捨て去った弱さのようなものを取り戻すことができることにより、もっと本当の、そして完全な自分になることができるようになるのです。

　皆さんは、このハリーポッターの女の子はいったい何者なのだろうと思っていることでしょう。そして、国連の舞台で何をしているのだろうかと。それはいい疑問です。私を信じてほしいのですが、私だって同じ疑問をずっと自分に問いかけてきたのです。私にはここにいる資格がはたしてあるのか、私にだってわからないのです。私にわかっていること、それは、私はこの問題に関心があるということです。私は、事態をよりよい方向にもっていきたいのです。

　自分がこれまで見てきたものを理解し、スピーチの機会を与えられたことにより、私は、何かを伝えることが私の責務だと感じているのです。イギリスの政治家エドマンド・バークは次のように言っています。「悪の力が勝利するのに必要なのはただ1つ、それなりの数の善良な男と女が何もしないことだ。」今回スピーチをするにあたり不安になって、私がやっていいのだろうかと思い悩みましたが、私は自分に強く言い聞かせたのです。私がやらなかったら誰がやるの、今やらなかったらいつやるの、と。

　私のような機会が皆さんにも与えられ、そして私と同じような不安にかられたのであれば、私がいま言ったことばが皆さんの助けになればと思っています。というのも、私たちが何もしなければ、男性と同じ仕事をして男性と同じだけお金をいただけるのに、あと75年も必要だからです。それまでに私は100歳近くになってしまいます。これが現実なのです。私たちが何もしなければ、向こう16年で、1550万人の少女たちがまだ子どものうちに結婚させられてしまうのです。さらに、私たちが何もしなければ、現状では、2086年にならないと、すべてのアフリカの田舎の少女たちは中等教育を受けられるようにならないのです。

　もしあなたが平等というものを信じているのであれば、あなたもまた、先ほど私がいった無自覚のフェミニストの1人といえるかもしれません。そうであ

るのならば、私はあなたに拍手を送ります。皆さんを1つにまとめることばを探してはいるもののなかなか見つかりません。でも、幸いなことに、皆さんを1つにまとめる運動ならあります。それが HeForShe です。皆さんには足を前に一歩踏み出していただき、そうして声を上げている皆さんの姿が見えるようにしていただいて、「女性」のための「男性」になっていただきたいのです。そして自問自答していただきたいのです。私がやらなければ誰がやるの、今やらなければいつやるの、と。

　ありがとうございました。

あとがき

　私は職場だけでなく他の大学でもいろんな科目を教えている。科学英語や時事英語を教えていれば、翻訳のノウハウも教えている。また、効果的なプレゼンの方法を教えることがあれば、洋楽を使った音楽の授業もすることがある。「オレの専門って何だったっけ？」と思えるほどありとあらゆることを大学で教えている。ちなみに私の専門は理論言語学である。

　20年以上にわたり、いろんな大学でいろんな学生に、文字通りいろんなことを教えてきて気がついたことがある。それは、義務教育でも高校でも、そして大学でも、学生は一番教えてもらいたいことを教えてもらってないな……ということだ。

　今の若者は恋愛に不慣れである。映画を観なければ小説も読まないこともあり、男と女の駆け引きを知らない。もっというと、大人の男と大人の女のお付き合いというものがどうやって始まりどう進展していくのかを知らない。「いや、知っているさ」といわれても、知っているのは子どもの恋愛ゴッコであり大人のお付き合いではない。

　大人の恋愛には非常に高いコミュニケーション能力が求められる。コミュニケーション能力が低いと、下手をするとストーカー扱いされてしまうし、そこまでいかなくてもキモい男や重い女に認定されてしまう。最悪、セクハラ扱いされて「容疑者」になってしまう。今の時代、恋愛するのは大事業である。ハイリスク・ハイリターンである。

　ぶっちゃけた話、どんなに高学歴でも、そしてどんなに高収入でもモテなかったら人生負け組だと思う。逆に、どんなに低学歴でも、そしてどんなに低収入でもモテたら人生勝ち組だと思う。そんなことないだろうか。

　いや、そんなことないだろ！と心の中で叫んだあなた、そもそも、何のためにいい成績をとりたいと思い、なんのためにいい学校に入りたいと思い、なんのためにいいところに就職したいと思い、なんのためにお金持ちになりたいと思い、そして何のために可愛く、そして格好よくなりたいと思っているのか。よく考えてみてほしい。モテるためではないだろうか。

　多感な時期を過ごす若者にとってモテることは最重要課題である。でも、学

校では恋愛の仕方を教えてくれない。そこで私は、授業で、折りに触れ、恋愛の仕方を教えてやっている（あと、大事なことだけど教えてもらっていないということで、お金儲けをはじめとした資産運用の話もよくしてやる）。とはいうものの、教えるのは極めて基本的なことで、心に余裕のないテンパっている男はキモい男に認定されるとか、不潔なだけでアウトだとかその程度のものだが……　いや、もっと具体的な話もしているか……

「モテるとは何か？」についてかれこれ 10 年近く思索を重ねてきたこともあり、これまで恋愛や結婚にまつわる文献や資料を読み漁ってきた。心理学系のものもいろいろ読んできたものの、説得力を感じるものはあまりなかった。自分のことを棚に上げてあえていうが、著者のプロフィールを拝見させてもらっては、「これは脳内恋愛に基づく観念だけの考察だな」と思われるものが少なくなかった。

説得力のある文献はというと、ドン引きされるかもしれないが、結局、AV 監督や AV 男優が書いたもの、そして AV 女優や風俗嬢が書いたものになる。キャバ嬢やクラブのママさんやホストの書いたものも非常に勉強になった。もちろん、柴門ふみや亀山早苗、そして林真理子や下田美咲といった文筆家が書かれた恋愛エッセーも非常に勉強になった。

「モテるとは何か？」にまつわる本を読み漁ってきて突き当たる問題はいつも同じだ。「そもそも男とはなんぞや、女とはなんぞや」、「性とはなんぞや」、「男らしさとはなんぞや、女らしさとはなんぞや」、そして「オトコを感じる男とはどういう男で、オンナを感じる女とはどういう女か」という問題である。つまり、ジェンダーの問題であり、セックスの問題であり、フェミニズムの問題であり、男と女にまつわる「呪い」の問題である。

ライフワークとして「モテるとは何か？」について考えていたところ、たまたま出会ったのがエマ・ワトソンの国連でのスピーチである。彼女のスピーチから「モテるとは何か？」の答えが見つかったわけではないが、それっぽいものなら多少なりとも見つけることができた。男と女にかけられた「呪い」に気づくことができ、その「呪い」から開放された「素の自分」は意外とイケるかも……というものである。

人間、自分の弱さを曝け出せた人は強い。そして、人は、男であれ女であれ、強い人に惹かれる。ただし、ここでいう「強さ」とは「生命力（生殖能力）の強

さ」である。

「呪い」から解き放たれた人は、人として、そして生物として強い。人として
の魅力をそこに感じ、モテる要因としての「フェロモン」をそこに嗅ぎとること
ができる。ようするに、自分の弱さを隠蔽するために格好つけている人は、男
であれ女であれ、本当の意味ではモテないということだ。

その意味では、エマは「呪い」から解き放たれ、個人的には、クールで「強い」
女性だと感じる。つまり、私からしたらモテる女性のカテゴリーに入る。

格好をつけず、ありのままの自分を丸ごと受け入れ、そしてそれをさらけ出
し、生きたいように生きている、そんな自由な姿に人は本気で惚れるのである。
たぶん。

さて、本書を執筆するにあたり、たくさんの人にお世話になった。まず、私
の共同研究者であり畏友でもある本田謙介氏と田中江扶氏にお礼をいいたい。
本書の原稿に目を通していただき原稿の不備を指摘してもらった。本書がプロ
の目に叶うレベルになったのもひとえに本田氏と田中氏のおかげである。

映画好きでフェミニストならぬフェミニンな社会人の高橋さくら氏と芳川佳
奈氏、そして東京農工大学生の安部夏月氏と中村真維氏と深澤真愛氏にもお礼
をいいたい。各氏には校正刷りを読んでもらい、いち社会人の立場といち学生
の立場から、そして1人の女性の立場からいろいろ感想をもらった。

最後になるが、開拓社の川田賢氏に心から感謝したい。私を信頼してもらい
好きなように、そして書きたいだけ書かせてもらった。川田氏には心から感謝
する次第である。いい本ができるか否かは、編集担当者との信頼関係によるも
のが大きいとあらためて思った次第である。

いつものことながら、女房と息子、そして娘にも感謝したい。ぜんぜん男ら
しくなく、最低最悪の男であり、私を反面教師にしたらどの男も「イイ男」に見
えてしまう、そんな男のハードルを下げまくっている私であるが、これからも
夜の街にときどき放牧させてくれ。

映画『ザ・サークル』を観終わり「それにしてもエマ、大人っぽくなったな〜」
と思いながら

著　者

【著者紹介】

畠山　雄二 (はたけやま・ゆうじ)

1966年 浜松生まれ。東北大学大学院情報科学研究科博士課程修了。博士（情報科学）。現在、東京農工大学 准教授。専門は理論言語学。

著書（単著）に『情報科学のための自然言語学入門：ことばで探る脳のしくみ』（丸善出版）、『ことばを科学する：理論言語学の基礎講義』（鳳書房）、『情報科学のための理論言語学入門：脳内文法のしくみを探る』（丸善出版）、『理工系のための英文記事の読み方』（東京図書）、『英語の構造と移動現象：生成理論とその科学性』（鳳書房）、『科学英語読本：例文で学ぶ読解のコツ』（丸善出版）、『言語学の専門家が教える新しい英文法：あなたの知らない英文法の世界』（ベレ出版）、『科学英語の読み方：実際の科学記事で学ぶ読解のコツ』（丸善出版）、『科学英語を読みこなす：思考力も身につく英文記事読解テクニック』（丸善出版）、『理系の人はなぜ英語の上達が早いのか』（草思社）、『ことばの分析から学ぶ科学的思考法：理論言語学の考え方』（大修館書店）、『科学英語を読みとくテクニック：実際の英文記事でトレーニングする読解・分析・意訳』（丸善出版）、『大人のためのビジネス英文法』（くろしお出版）、『英文徹底解読　スティーブ・ジョブズのスタンフォード大学卒業式講演』（ベレ出版）、『英語で学ぶ近現代史　外国人は歴代総理の談話をどう読んだのか』（開拓社）、『英文徹底解読　ボブ・ディランのノーベル文学賞受賞スピーチ』（ベレ出版）がある。

訳書に『うまい！と言われる科学論文の書き方：ジャーナルに受理される論文作成のコツ』（丸善出版）、『研究者のための上手なサイエンス・コミュニケーション』（東京図書）、『完璧！と言われる科学論文の書き方：筋道の通った読みやすい文章作成のコツ』（丸善出版）、『まずはココから！科学論文の基礎知識』（丸善出版）、『大学生のための成功する勉強法：タイムマネジメントから論文作成まで』（丸善出版）、『成功する科学論文：構成・プレゼン編』（丸善出版）、『成功する科学論文：ライティング・投稿編』（丸善出版）、『おもしろいように伝わる！科学英語表現19のツボ』（丸善出版）、『テクニカル・ライティング必須ポイント50』（丸善出版）、『実験レポート作成法』（丸善出版）がある。

編著書に『言語科学の百科事典』（丸善出版）、『日本語の教科書』（ベレ出版）、『理科実験で科学アタマをつくる』（ベレ出版）、『大学で教える英文法』（くろしお出版）、『くらべてわかる英文法』（くろしお出版）、『日英語の構文研究から探る理論言語学の可能性』（開拓社）、『書評から学ぶ理論言語学の最先端（上）（下）』（開拓社）、『数理言語学事典』（産業図書）、『ことばの本質に迫る理論言語学』（くろしお出版）、『ことばの仕組みから学ぶ 和文英訳のコツ』（開拓社）、『徹底比較　日本語文法と英文法』（くろしお出版）、『最新理論言語学用語事典』（朝倉書店）、『理論言語学史』（開拓社）、『シリーズ　ネイティブ英文法』（朝倉書店）、『英文法大事典　全11巻』（開拓社）、『正しく書いて読むための　英文法用語事典』（朝倉書店）、『英語上達40レッスン：言語学から見た4技能の伸ばし方』（朝倉書店）がある。

共著に『日英比較構文研究』（開拓社）、『英語版で読む 日本人の知らない日本国憲法』（KADOKAWA）がある。

●ホームページ　http://www.shimonoseki-soft.com/~hatayu/

エマ・ワトソンの国連スピーチを英語で読む
——「男らしさ」と「女らしさ」の呪縛から逃れるために——

2021 年 1 月 30 日　　第 1 版第 1 刷発行
2024 年 3 月 25 日　　　　第 2 刷発行

　　著作者　畠山雄二
　　発行者　武村哲司
　　印刷所　日之出印刷株式会社
　　発行所　株式会社 開拓社
　　　　　　〒112-0013　東京都文京区音羽 1-22-16
　　　　　　電話　（03）5395-7101（代表）
　　　　　　振替　00160-8-39587
　　　　　　https://www.kaitakusha.co.jp